Alexandra Reinwarth

Am Arsch vorbei geht auch ein Weg

Entspannt und stressfrei durch die Adventszeit

Am Arsch vorbei geht auch ein Weg

Entspannt und stressfrei durch die Adventszeit

Für Weihnachten

Alexandra Reinwarth

mvgverlag

Bibliografische Information der Deutschen Nationalbibliothek
Die Deutsche Nationalbibliothek verzeichnet diese Publikation in der Deutschen Nationalbibliografie. Detaillierte bibliografische Daten sind im Internet über http://dnb.d-nb.de abrufbar.

Für Fragen und Anregungen:
info@mvg-verlag.de

Originalausgabe
1. Auflage 2017
© 2017 by mvg Verlag, ein Imprint der Münchner Verlagsgruppe GmbH,
Nymphenburger Straße 86
D-80636 München
Tel.: 089 651285-0
Fax: 089 652096

Alle Rechte, insbesondere das Recht der Vervielfältigung und Verbreitung sowie der Übersetzung, vorbehalten. Kein Teil des Werkes darf in irgendeiner Form (durch Fotokopie, Mikrofilm oder ein anderes Verfahren) ohne schriftliche Genehmigung des Verlages reproduziert oder unter Verwendung elektronischer Systeme gespeichert, verarbeitet, vervielfältigt oder verbreitet werden.

Umschlaggestaltung: Laura Osswald
Umschlagabbildung: amnat11/Shutterstock.com,
Borja Andreu/Shutterstock.com
Satz: des2com_Matthias von der Preuß, Berlin
Druck: GGP Media GmbH, Pößneck
Printed in Germany

ISBN Print 978-3-86882-840-5
ISBN E-Book (PDF) 978-3-96121-076-3
ISBN E-Book (EPUB, Mobi) 978-3-96121-075-6

Weitere Informationen zum Verlag finden Sie unter

www.mvg-verlag.de

Beachten Sie auch unsere weiteren Verlage unter www.m-vg.de

INHALT

Eine kleine Einleitung	7
A wie Adventskranz	10
Adventskalender	15
B wie Baum	17
E wie Essen	24
G wie Geschenke	30
V wie Verpackung	38
P wie Plätzchen	40
K wie Kirche	44
N wie Nikolaus	48
R wie Ruhe-im-Newsfeed!	50
H wie Handy	52
D wie Deko	55
C wie Christkind – oder was auch immer bei Ihnen an Heiligabend auftaucht	58
V wie Verwandtschaft	60
O wie Ordnung, och nö	72

F wie Fuck! Firmenweihnachtsfeier!	75
M wie Musik	79
F wie Freunde	82
K wie Kerzen	84
L wie Lichterketten	86
K wie Kinder	87
L wie Liebe	93
N wie Nähe	98
M wie Magie	100
Nachwort	103

EINE KLEINE EINLEITUNG

Hach, die Weihnachtszeit.

Egal, ob man jetzt zu denen gehört, die schon Anfang Oktober *Last Christmas* trällern, oder ob man am Glühweinstand gegen den Konsumterror wettert: Die Vorweihnachtszeit ist mit so vielen Dingen gespickt, die einem am Arsch vorbeigehen können, dass es eine wahre Pracht ist. Welches Arsch-vorbei das genau ist, hängt von jedem Einzelnen ab. Damit Sie hier nicht nur in den Genuss meiner eigenen, höchst persönlichen Arsch-vorbei-Liste kommen, habe ich mich ein bisschen umgehört. Sie glauben nicht, was einem alles am Arsch vorbeigehen kann, wenn man das möchte … und vor allem, wenn man sich traut.

Weihnachtlich relevante Themen sind meist untrennbar mit unserer Kindheit verbunden, deswegen sind sie Teil eines verworrenen Gefühlsknäuels, das einem vernünftige Entscheidungen schwierig bis unmöglich macht. Dass eventuell genau dieses Gefühlsknäuel für eine bestimmte Regel verantwortlich ist, ist daran zu erkennen:

- Die Antwort auf Fragen, ob man XY nicht anders handhaben könnte, ist negativ.

- Die Begründung dafür lautet: »Weil es eben so sein muss!«

Mit der Vehemenz einer Art weihnachtlichen Miliz werden Baumgestaltung, Gerichte und Handlungsfolgen (erst essen, dann Geschenke!) verteidigt wie der Heilige Gral und dürfen nicht angerührt werden. Ich nehme mich da nicht aus. Mein ansonsten reizender Lebensgefährte L. kam einmal statt mit Fondue-Fleisch für das Weihnachtsessen mit ein paar Steaks nach Hause, die waren nämlich im Angebot– so schnell konnte der gar nicht gucken, war er wieder in der Metzgerei und machte den Jahrhundertfehler rückgängig. Steak! Zu Weihnachten! Ich meine, was kommt als nächstes? Wir verstecken die Geschenke im Garten? Also echt …

Was ich damit sagen will: Wir alle haben unsere festen Vorstellungen davon, wie alles zu sein hat und zwar aus dem niedlichen Grund, dass wir das wunderschöne Weihnachtsgefühl wiederholen wollen, das wir selbst als Kinder erlebt haben. Wenn man selbst Kinder bekommt, geht der Spaß erst richtig los. Dann will man denen das auch mitgeben und versucht daher umso mehr, alles genauso zu machen, wie es sein muss, und schon hat man den Salat.

Wenn man die gesamte Feierlichkeit genauso beibehalten will, wie sie ist, sich aber nun mal die äußeren Umstände geändert haben, wird es eventuell etwas verkrampft.

Bei uns zu Hause war es unter anderem Tradition, dass die Kinder (ich) den Baum nicht geschmückt sehen durften, bis zum Moment der Bescherung. Das war toll, weil es einen großen AAAAHHHH!-Moment gab, wenn man endlich ins Wohnzimmer durfte und das Ding in seiner vollen Pracht strahlte. Und es war auch relativ einfach zu machen, denn das Wohnzimmer war mit einer Milchglastüre vom Rest der Wohnung abgetrennt. Jetzt sind aber inzwischen nicht nur Milchglastüren etwas aus der Mode gekommen, sondern auch generell die Abtrennung von Wohnzimmern. Inzwischen gehen Küche, Esszimmer und Wohnzimmer oft mal ineinander über, und das sieht zwar hübsch aus, aber es hat zwei Nachteile: Zum einen kann man sich nicht mehr zurückziehen, wenn man sich als Paar gerade tierisch auf die Nerven geht, weswegen man sich dann mitunter wütend auf dem Klo wiederfindet, zum anderen ist es wirklich schwierig, den Weihnachtsbaum bis zum Moment der Bescherung unsichtbar zu machen. Dreimal können Sie raten, wer jahrelang vorweihnachtliche Stimmung verbreitete, indem sie meterlange, weiße Betttücher an die Decke tackerte, um einen Sichtschutz zwischen Sofa, Fernscher und Weihnachtsbaum zu gewährleisten. Bekloppt, ich weiß. Aber ich wette, bei Ihnen zu Hause gibt es auch ein Detail, das mindestens genauso bekloppt ist. Vielleicht ist es ja bei den vielen Dingen dabei, die ich gesammelt habe und die mir Freunde, Bekannte und völlig Unbekannte anvertraut haben.

Das Feld ist weit gesteckt! Wundern Sie sich nicht, ich gehe nicht alphabetisch vor, sondern ganz so, wie es mir gerade einfällt. Geordnete Zustände am Arsch vorbei.

Dennoch beginne ich mit:

A WIE ADVENTSKRANZ

Adventskränze sind toll. Dieser leichte Waldgeruch, das Grün der Nadeln und wie heimelig die Kerzen brennen. Wenn man so einen auf dem Tisch stehen hat, sieht es immer so aus, als hätte man sein Leben im Griff. Wer einen Adventskranz auf dem Tisch hat, der hat auch was zu essen im Kühlschrank, seine Rechnungen bezahlt und eine Ersatz-Strumpfhose in der Handtasche, falls es eine Laufmasche gibt. Vielleicht bin ich deswegen so ein Adventskranzfan. Da kann ich mir über vier Wochen vormachen, bei mir wäre das auch so. Trotz meiner Begeisterung für

Adventskränze, trifft mich der erste Advent aber immer völlig überraschend. »Was? Morgen schon? Ich hab noch gar keinen Adventskranz!« So geht das jedes Jahr. Nicht, dass es im Vorfeld keine Hinweise darauf gäbe, dass demnächst 1. Advent ist. Abgesehen von der recht zuverlässigen Zeitangabe von *4 Wochen vor Heilig Abend*, kann man ja auch in der Stadt keine zehn Meter gehen, ohne dass man von Verkäufern eindringlich auf Kränze, Kerzen und Tand hingewiesen wird. Das Problem ist, dass in dem »Was? Morgen schon? Ich hab noch gar keinen Adventskranz!«-Moment kein Verkäufer weit und breit ist, und ich in der Regel zur nächsten Tankstelle hechten muss, um am Morgen des 1. Advents die Illusion aufrechtzuerhalten, ich hätte mein Leben im Griff. Seit wir das Kind haben, hat sich der Druck, pünktlich am Sonntagmorgen des 1. Advents einen ordentlichen Kranz auf dem Tisch zu haben, deutlich erhöht. Auch die Hinweise darauf, dass dieser Sonntag kurz bevorsteht, haben sich vermehrt: Das Kind bringt aus dem Kindergarten Gemaltes und Gebasteltes mit, das sich ausschließlich um diese Thematik dreht. Ich bekomme es trotzdem nicht hin. Daran ärgern mich zwei Dinge:

1. Ich bekomme es nicht hin.
2. Ich bezahle bei der Tankstelle um die Ecke den Preis eines Mehrgänge-Menüs für etwas, das für umme im Wald aufzulesen ist, mit vier Kerzen drauf.

Beides wurmt mich wahnsinnig. Falls es irgendjemanden auf dieser Welt gibt, der ähnlich bekloppt ist: Es gibt einen Ausweg. Meine Schwiegermutter hat ihn mir geschenkt. Es ist ein wunderschöner Kranz aus Naturholz vom Kunsthandwerkermarkt, mit Holzfiguren darauf und bemalt. Er hat Platz für vier große Kerzen, man kann ihn an einem Seil von der Decke hängen lassen und man kann ihn vor allem im letzten Moment aus der Schublade ziehen und sagen: »Morgen früh ist der 1. Advent! Seht mal, was ich hier habe!«

Adventskranz aus Tannenzweigen – am Arsch vorbei.

Eine ganz andere Form von Arsch-vorbei zelebriert Lotta, wenn es um den Adventskranz geht. Lotta hatte eine Kindheit wie aus einem Bullerbü-Buch. Sie wohnte in einem bunten Holzhaus auf dem Land, die Freunde wohnten rundherum und sie waren eh jeden Tag im Wald. Da war es nur logisch, dass die Eltern in der Vorweihnachtszeit ausgedehnte Spaziergänge mit den Kindern machten und alles sammelten, was Adventskranz und Krippe so brauchen könnten: Tannenzweige natürlich, aber auch Beeren und Moos, Stöckchen und Zapfen. Zu Hause wurden Orangenscheiben getrocknet und Sterne aus Holzresten ausgesägt und bemalt. Aus all dem und vier Kerzen entstand dann ein wunderschöner Kranz, der die ganze Adventszeit über bewundert wurde. Als Lotta schließlich in die Großstadt zog, war all das über Jahre hinweg vollkommen unwichtig, aber als sie selbst Kinder bekam, passierte das, was vielen frisch gebackenen Eltern passiert: Tradition ist plötzlich nicht mehr spießig, sondern etwas, das weitergegeben werden soll. Lotta wollte ihren Kindern auch diese schöne Erinnerung von einem selbstgemachten Adventskranz mitgeben. Sie hatte nur vergessen, dass sie jetzt in der Stadt wohnte. Und so haben ihre Kinder eine sehr eindrückliche Erinnerung an ihre Mutter, die im Stadtpark versucht, unbemerkt jede Menge Grünzeug in eine Tüte zu stopfen, und an den lautstarken Anpfiff einer Passantin, als sie sich mit der Haushaltsschere an den Zweigen eines kleinen Nadelbäumchens zu schaffen machte. Auch eine Erinnerung, nur anders.

Das Jahr darauf fuhr Lotta extra mit den Kindern in den Wald. Sie fanden auch ein paar Zweiglein und Moos und Zapfen, fuhren dann aber in die Notaufnahme vom Krankenhaus, weil das kleinere der Kinder einen unbekannten Pilz verspeist hatte. Am Abend formten sie dann aus den stakeligen Zweigen einen Kreis, banden die Zapfen und das Moos drauf, befestigten die Kerzen und legten das fertige Gebinde anschließend in den Müll, weil aus einem Teil des Gestecks sehr viele sehr kleine Käfer rauskamen. ›Adventskranz aus dem Wald am Arsch vorbei‹ heißt es seitdem bei Lotta, und es wird ein wunderschöner, echter, fertiger Adventskranz gekauft.

Was einem übrigens auch getrost am Arsch vorbeigehen kann, wenn wir schon von Advent sprechen: die Meinung des Teil des Freundeskreises, der davon überzeugt ist, es handelt sich bei einem Adventskranz um kitschigen Mist, gefördert vom konsumgeilen Einzelhandel. In der Regel wird im Rahmen der Schimpftirade auch auf die Inkarnation des Bösen schlechthin hingewiesen: den dicken, weißbärtigen und rot bemantelten Weihnachtsmann (»von Coca-Cola!«, kommt dann immer noch hinterher). Ja, es ist schlimm. Seit Ende August gibt es Weihnachtsstollen im Supermarkt, im Radio läuft permanent *Last Christmas*, die Einladungen zu den Weihnachtsfeiern trudeln ein und ja, auch ich finde so manche Lichtinstallation am Fenster meiner Nachbarn grenzt an Körperverletzung – aber hey! Plätzchen! Glühwein! Geschenkpapier und Strohsterne!

Ich mache das jetzt immer so: Statt mit gekrauster Stirn bedeutungsvoll langsam zu nicken, wenn es wieder um die konsumkranke Welt geht – »Wir schenken uns ja eh nichts, seit Jahren nicht,« heißt es da, »und zwar bewusst« –, brülle ich laut heraus: »Marzipantaler! Weihnachtsgans! Familie! Christbaumkugeln und Lametta!« Und wer mich dann noch weiter nervt mit seinem Gemäkel, dem gebe ich den Rest: »Letztes Jahr habe ich eine Tiara bekommen, Ätsch!«

Apropos Advent: der Adventskalender.

ADVENTSKALENDER

Der Adventskalender meiner Freundin Jana besteht seit ihrem Erwachsenenalter traditionell aus einem Kasten Bier. »24 Türchen, 24 Flaschen pro Kasten Bier – das kann kein Zufall sein!«, findet Jana. Allerdings kann es passieren, wie auch bei der Schokoladenvariante, dass an einem Abend gleich mehrere ›Türchen‹ auf einmal geöffnet werden und der schöne Adventskalender innerhalb von wenigen Tagen leer ist.

Anderen geht der komplette Advent einfach 24 Mal am Arsch vorbei, auch das ist nicht die schlechteste aller Varianten. Für mich allerdings bedeutet Adventskalender: einen knappen Monat lang jeden Morgen Schokolade! Wie toll ist das denn?

Lotta, meine Freundin aus Bullerbü, hatte, wie sollte es anders sein, als Kind einen Adventskalender aus 24 selbst genähten Säckchen, alle mit unterschiedlichem Muster und großen Zahlen aus Filz drauf. Und die Schnüre, mit denen das alles zugebunden war, HATTEN ALLE EINE UNTERSCHIEDLICHE FARBE! Lotta hat dieses Prinzip übernommen und ist ab Anfang Oktober im Stress, weil sie für ihren Mann, ihre zwei Kinder und ihre Mutter jeweils 24 Kleinigkeiten besorgen muss (das sind insgesamt

96 Kleinigkeiten). Und da ist das Nähen von den Kack-Säckchen noch gar nicht mitgerechnet. 96!

»Du tickst ja nicht ganz richtig«, war dann auch die einhellige Meinung aus Lottas Umfeld. Lotta konnte dem nur zustimmen, andererseits war es ihr aber völlig unmöglich, die ganze Säckchen-Sache bleiben zu lassen. Zu schön waren Erinnerung, Säckchen und die Freude aller Beteiligten (ausgenommen Lotta). Zu ihrem Unglück rutschte sie jedoch vorletzten Oktober so beeindruckend auf der Straße aus, dass sie sich das Sprunggelenk brach, was die ganze Familie zu gekauften Adventskalendern mit Schokolade verdonnerte.

Entgegen aller Erwartungen war die gesamte Familie nicht traurig, sondern erfreute sich an dem Gedanken: Einen knappen Monat lang jeden Morgen Schokolade! Wie toll ist das denn? Und eines Tages in diesem Advent, als Lotta mit einem Buch auf dem Sofa lag, mit einem Stück Nussnougat im Mund, denn sie hatte jetzt auch einen eigenen Adventskalender, dachte sie an all die Oktober, die noch kommen sollten. An die Säckchen, die 96 Kleinigkeiten Jahr für Jahr, an die Hektik und den Stress, rechtzeitig alles gekauft, verpackt und aufgehängt zu haben. Dann dachte sie an die Behaglichkeit des Sofas, die entspannte Stimmung und wie gut Nussnougat schmeckte und langsam aber sicher zogen all die 96 Säckchen mitsamt ihren Filz-Aufnähern und ihren blöden bunten Schnürchen an Lottas Arsch vorbei und waren nie mehr gesehen.

B WIE BAUM

Das Baum-Theater ist ein Drama in mehreren Akten, die da heißen:

- Wann wird der Baum gekauft?
- Wie wird geschmückt?
- Wer schmückt?

In der Nebenhandlung ist zu sehen:

- Welche Musik wird dabei gespielt sowie:
- Wann darf die Familie ihn sehen?

Meistens kann man jede dieser Fragen ganz genau beantworten, weil es in der eigenen Kindheit eben so oder so gehandhabt wurde. Weil man aber nun eine eigene Beziehung/Familie/Wahlfamilie hat und deren Erfahrungen ganz andere sind, stimmen die Antworten nie überein. Für alle, die noch ganz neu dabei sind: In der Beziehung setzt sich normalerweise die Frau durch.

Mein persönlicher Arsch-vorbei-Moment in Sachen Baum betrifft nicht nur einen, sondern jeden einzelnen dieser Punkte:

Wann wird der Baum gekauft?

Aufgrund der langen Kausalkette von Man-darf-den-Baum-erst-bei-der-Bescherung-sehen, die bei uns zu Hause galt, wurde dementsprechend der Baum auch sehr spät gekauft, nämlich am 24. Das ist zum einen toll, denn die Bäume sind schon deutlich günstiger als am Tag zuvor, zum anderen muss man dann eben auch nehmen, was noch da ist. So gab es bei uns immer Bäume mit Handicap: schief, zu klein oder groß, deutlich zu wenig Zweige im Mittelteil, eine kahle Seite und was eben noch so auftritt, wenn es im Leben eines kleinen Bäumchens nicht optimal läuft. Das stellt denjenigen, der den Baum schmückt mitunter vor mittelgroße Herausforderungen, denn schmücken Sie mal eine Zweimeter-Tanne, die nur im unteren Drittel und an der Spitze ein bisschen Grünzeug hat.

Das mit dem Schmücken ist auch so eine Sache:

Wann und wie wird geschmückt?

In der perfekten Welt meiner Erinnerung ist der Baum, wie eingangs erwähnt, nicht zu sehen bis zum Moment der Bescherung. Damit nun das Wohnzimmer nicht komplett gesperrt wäre und man eventuell keinen Weihnachtsfilm hätte sehen können, wurde der Baum eben auch erst am 24. am Nachmittag geschmückt. Während des Schmückens musste außerdem das Weihnachtsalbum von Mahalia Jackson auf Brüll-Lautstärke durch die Wohnung schallen.

Damit das Kind (ich) in der Zeit nicht durchdreht, hatte mein zuständiger Stiefvater den Auftrag, mit mir ins Kino zu gehen. Weil meine Mutter ›ins Kino‹ nicht näher definierte – also zum Beispiel durch den Zusatz ›in einen Weihnachtsfilm für Kinder‹ –, sah ich in jungen Jahren am Weihnachtsnachmittag Filme wie *Der Himmel über Berlin* oder, was mich besonders beeindruckte, *Der Name der Rose*. Auch was mit Heiligkeit und Kirche, aber anders. Bis auf die Filmauswahl gab und gibt es an dieser Regelung nichts zu rütteln, finde ich. Auch das Wie, also wie der Baum korrekt geschmückt wird, unterliegt in meiner Welt einer genauen Vorstellung.

Ein vorschriftsmäßig geschmückter Baum enthält nämlich ausschließlich diese drei Dinge:

1. Rote Kugeln
2. Strohsterne
3. Gelbe Lichterketten

… und sonst gar nichts.

Kein Lametta, keine bunten Figürchen, keine Zuckerstangen, kein Watte-Schnee und besonders keine bunten, blinkenden Lichter. Auch die kleinen Pappschachteln von meiner Schwiegermutter, mit ihrem alten Christbaumschmuck bleiben unangerührt, denn es befinden sich darin jede Menge verblichene, bunte Formen, alte Figürchen von

Hasen (?) und Nikoläusen und Engelshaar in Massen. Eigentlich alles außer roten Kugeln, Strohsternen und gelben Lichterketten.

Nachdem das geklärt ist, können wir auch gleich zum nächsten Fixpunkt kommen, nämlich:

Wer schmückt?
    Ich.

All diese Punkte (und noch viele mehr) sind in meiner Welt unumstößlich. Sie waren es zumindest lange und ich habe mir über Jahre hinweg ein bis zwei Beine ausgerissen, um alles genauso zu machen, wie es sein soll. Trotz veränderter Wohnverhältnisse, die zum Beispiel zu der erwähnten Bettlaken-Installation führten, und trotz eines neuen Menschen in meinem Leben (L.), der das Weihnachtsalbum von Mahalia Jackson nicht öfter als dreimal am Stück hören kann, ohne sich zu übergeben, war an den Fixpunkten nicht zu rütteln.

Irgendwann, nachdem L. und ich einige Weihnachten miteinander verbracht hatten, war ich davon genervt, weiße Laken im Wohnzimmer aufzuhängen. L. war genervt davon, am Weihnachtstag auf die Suche nach einem einigermaßen akzeptablen Baum gehen zu müssen, und außerdem wollte er den Nachmittag lieber gemeinsam verbringen. Es war nicht sehr weihnachtlich für ihn, sich irgendwohin zu verdrücken, damit ich in Ruhe den Baum schmücken konnte und er nicht vor lauter Mahalia Jackson Ohrenbluten bekam. Wir waren also beide angemessen genervt von den unumstößlichen Regeln und so stießen wir sie einfach um. Wir kauften einen Baum, einige Tage vor dem 24. Er stand in der Wohnzimmerecke und sah hübsch aus (viel besser als ein weißes Bettlaken zum Beispiel). Nach einem ausgedehnten Frühstück am Weihnachtstag, kramten wir die Kiste mit dem Christbaumschmuck heraus. L. freute sich wie ein kleines Kind über die Schätze aus seiner Kindheit, die in den Schwiegermutter-Pappschachteln zu finden waren, und dieses Strahlen, ich schwöre, war tausendmal schöner als rote Kugeln, Strohsterne und gelbe Lichterketten zusammen. Es wurde überhaupt ein sehr geruhsamer und schöner Tag, denn es gab keinen Stress, es musste nicht ›noch schnell‹ dieses oder jenes gemacht werden und am Abend lagen wir mit einem Glas Wein auf dem Sofa und sahen unseren perfekten, bunten, glitzernden Baum an, mit Engelshaar und allem drum und dran und hielten uns an den Händen. Und näher kann man einem weihnachtlich-besinnlich-liebevollen Gefühl nicht kommen.

Das nächste Level haben wir erreicht, seit das Kind da ist. Vielleicht ist es etwas anderes, wenn die größer sind, aber im Moment will ich mir nicht mal vorstellen, was das Kind mit ein paar weißen Bettlaken, die von der Decke hängen, anrichten würde. Außerdem freut es sich königlich daran, ebenfalls den Baum zu schmücken. ›Schmuck‹ ist für das Kind alles, was ihm gut gefällt, und dieses Kriterium schließt Playmobilfiguren und Stofftiere auf jeden Fall mit ein. Mein Arsch-vorbei in Sachen Baum hat uns einen Haufen Stress erspart, und Stress sparen schlägt einfach alles.

Für L.'s Freund Sven hingegen ist der größte Stressfaktor in Sachen Weihnachtsbaum die Nachhaltigkeit. Er bekam immer schon Anfang Dezember feuchte Hände vor Unbehagen, wenn er nur daran dachte, dass er demnächst wieder einen echten, lebenden Baum kaufen würde, um ihn dann, zwei Wochen später, wegzuschmeißen. Für alle Schlaumeier, die ihm, so wie ich, nun sagen wollen, er könne ja einen Baum im Topf kaufen, der dann jahrelang hält: Schöne Grüßen von Sven, er hat nur einen winzigen Balkon und kann den Baum nirgends einpflanzen. Im Topf überlebt er aber nur exakt bis kurz vor dem nächsten Weihnachtsfest. Man kann ihm also ein knappes Jahr lang beim Sterben zusehen, um sich dann, rechtzeitig zum Fest, das nächste Opfer zu kaufen, das man langsam zwischen Pfandflaschen und dem Aschenbecher dahinsiechen lassen kann. Gleichzeitig ist Sven aber ein großer Fan von weihnachtlichen Traditionen, Glühwein, Weihnachtsmusik und allem, was dazu gehört. Vor allem Glühwein. Sein Arsch-vorbei-Moment war dann auch die Entscheidung, auf den klassischen Baum zu verzichten. Er hat jetzt einen

Gummibaum, zwei Meter ist der bestimmt schon. Der erfreut ihn das ganze Jahr in seiner Gestalt als Gummibaum und Mitte Dezember wird er mit dem vollen Programm an Weihnachtszeug behängt. Das sieht gar nicht mal schlecht aus und Sven freut sich wie ein Schneekönig – was will man mehr?

Letztendlich gibt es so viele Wege am Arsch vorbei wie es ~~Ärs ...~~ – Leute gibt. Ole liebt Weihnachten, hasst aber Vorbereitungen und zahlt lieber 400 Euro (VIERHUNDERT EURO!) an die Gärtnerei um die Ecke, damit sie ihm am 23. nachmittags eine perfekte zwei-Meter-Nordmanntanne komplett mit Kugeln, Schleifen und Kerzen in die Wohnung tragen.

Lotta, Sie erraten es bestimmt, ist in Sachen Weihnachtsbaum der traditionelle Typ, ein fertig geschmückter Baum aus der Gärtnerei oder ein Gummibaum kommen ihr nicht ins Haus. Damit sich ihr Traum von einem selbst geschlagenen Baum aus dem Wald (ihres Vaters) mitsamt selbst gebastelten Strohsternen, selbst gebackenen Lebkuchenmännchen und den echten Kerzen erfüllt, nimmt sie sich dafür drei Tage Urlaub. (Die fehlen ihr dann in ihrem Sommerurlaub, aber hey, man muss eben Prioritäten setzen und Weihnachten sticht.)

E WIE ESSEN

Der Stellenwert des Essens am Weihnachtsabend macht eine wundersame Wandlung durch. Rangiert die Wichtigkeit in den Kind- und Jugendjahren noch knapp unter Null, steigert es sich im Laufe der Jahre zu einer imposanten Hauptattraktion. Wenn Sie auch aus einer Familie kommen, in der an Weihnachten immer dasselbe auf den Tisch kommt, dann geht es Ihnen eventuell wie mir: Ich akzeptiere kein Weihnachtsessen, das von dem abweicht, das es schon immer gibt. Zumindest nicht bis vor kurzem. Ich darf Ihnen die jüngste Entwicklung kurz aus *Am Arsch vorbei geht auch ein Weg* zitieren, zum Verständnis:

Dann kam das Kind. An seinem ersten Weihnachten war das unkompliziert, denn so aufregend wir auch sein erstes Weihnachten fanden, das Kind hat es komplett verpennt. Allerdings gab es durchaus Stressmomente, hauptsächlich wegen diesem blöden Gefäß, das unter dem Fondue-Topf stehen und den Spiritus beinhalten sollte, was aus zwei Gründen nicht möglich war:

1. das Gefäß war verschwunden
2. der Spiritus war verschwunden

Ausschließlich der Heiligkeit des Abends ist es zu verdanken, dass es an selbigem nicht zu einem ausgewachsenen Streit kam, wer für die Aufbewahrung von Küchengeräten zuständig ist (L.).

Im Jahr darauf war das Kind hellwach und half begeistert bei den Vorbereitungen.

Alle waren froh und zufrieden, und dann kam Heiligabend.

Ab Mittag stand L. in der Küche und bereitete Soßen zu. Das ist toll und die Soßen, die er macht, sind traumhaft. Er macht immer fünf, sechs verschiedene Soßen — und er ist den ganzen Nachmittag über beschäftigt. Das heißt, ich kam irgendwie nicht dazu, mich und das Kind hübsch zu machen, die letzten Geschenke zu verpacken und auch die Mahalia Jackson CD verliert etwas von ihrer besinnlichen Wirkung, wenn man währenddessen alle paar Minuten ruft: »Nicht den Hund ablecken!«, »Du sollst doch nicht den Hund ablecken« und »Jetzt sage ich es nicht nochmal!«

Als die verdammten Soßen fertig waren, saßen wir um das Fondue: L. noch mit seiner Schürze um, ich in Jogginghose, das Kind stach mit der Fonduegabel in seine Hausschuhe und wir schoben den Fonduetopf so weit von ihm weg, dass er sich nicht an dem heißen Öl verletzen konnte, was dazu führte, dass wir halb aufstehen mussten, um das Fleisch hineinzugeben und das Kind wie am Spieß schrie, weil es natürlich das war, was er auch machen wollte. Dann ging das Feuer unter dem Topf aus. L. und ich sahen uns mit aufgerissenen Augen an: Nicht schon wieder!

Alle taten was sie konnten: L. hob das heiße Öl hoch, ich versuchte mich an der Brennpaste und das Kind fütterte den Hund mit Eiersoße, aber alles half nichts:

Die Brennpaste ließ sich nicht wieder entzünden.

Aber L. wollte dieses Jahr ganz sicher gehen: »Ich habe vorsichtshalber noch Brennspiritus gekauft!« Triumphierend füllte er die Flüssigkeit in das Gefäß (er hatte sogar ein Ersatz-Gefäß gekauft) und was soll ich sagen: Der Spiritus brannte nicht. Also überhaupt kein kleines bisschen, null, nada, niente. Diesen Spiritus hätte man zur Brandbekämpfung einsetzen können! Schließlich kochten wir unser gutes galizisches Rindfleisch in dem Öl über ein paar Teelichtern hellgrau und ertränkten es in Soße (außer Eiersoße, die war inzwischen im Hund). Allerdings nur kurz, denn das Ganze hatte so lange gedauert, dass das Kind nicht mehr sitzen bleiben wollte und ich musste doch erst mit dem Glöckchen klingeln und die Musik wieder anmachen! Kurzum: Es war nicht sehr weihnachtlich, zumindest dieser Teil nicht.

»Fondue am Arsch vorbei«! heißt es seitdem.[1]

Am Weihnachtsabend gibt es nun Würstchen mit Kartoffelsalat, und das Fondue, das machen wir am 1. Weihnachtsfeiertag. Da ist nämlich irre viel Zeit und es ist egal, ob das Kind herumläuft oder ob die Musik stimmt.

Das war mein persönliches Arsch-vorbei. Ein ganz anderes Arsch-vorbei hat meine Schwiegermutter hinbekommen, und das hat sie wirklich Überwindung gekostet:

---

1   Aus: Alexandra Reinwarth: Am Arsch vorbei geht auch ein Weg: Wie sich dein Leben verbessert, wenn du dich endlich locker machst, mvg Verlag, ISBN-13: 978-3-86882-666-1

Im Haus meiner Schwiegermutter sind die Kinder (L. und sein Bruder Felix) ja nun schon groß. Sie lecken nicht mehr den Hund ab und man kann sie generell auch gut ohne Beaufsichtigung lassen. Meine Schwiegermutter kann also so lange in der Küche stehen, wie sie will. Und sie will lange. Das Hobby meiner Schwiegermutter ist nämlich Kochen.

Über Jahre hinweg fanden wir uns deswegen an einem der Weihnachtsfeiertage mit leerem Magen in der schwiegermütterlichen Wohnung ein und aßen dort gerne, gut und unmäßig, so wie der Rest der Familie. Irgendwann fing das Unheil dann an: Die Schwägerin wurde erst Vegetarierin und steigerte sich bis zur Veganerin, Onkel Horst musste auf das Cholesterin aufpassen, Mimi war auf einmal laktoseintolerant und hatte eine Fisch-Unverträglichkeit. Den Vogel schoss aber L.'s Bruder ab. Der ernährte sich plötzlich nach der Paleo-Diät, die sich an der Ernährungsweise der Steinzeit orientiert und zum Beispiel industriell verarbeitete Lebensmittel (wie Brot) generell ablehnt. Da stand sie dann, die Schwiegermama. Mit einer Küche voll Zutaten und Motivation bis in die Haarspitzen, aber es wurde ein Ding der Unmöglichkeit. An Ende hatte sie fünf verschiedene Gerichte im Ofen und war am Verzweifeln, weil nicht alle gleichzeitig fertig waren. Weihnachtlich war das alles auch überhaupt nicht mehr. Das Jahr drauf hat sie es noch einmal versucht und dann hatte sie genug. Obwohl sie es immer allen recht machen will und es ihr körperliche Schmerzen bereitet, wenn sie die Wünsche aller Anwesenden nicht schon im Voraus erfüllen kann, hat sie ein Machtwort gesprochen. Sie mache jetzt wieder die Gans mit Rotkraut und Klößen und Salat so wie immer, und wenn irgendjemand nur den Salat essen möchte oder die Soße weglässt, dann könne er das gerne machen und L.'s Bruder dürfe seinen Teil der Gans auch roh essen, über dem Kaminfeuer braten oder selbst jagen, aber *à la carte* wäre jetzt aus.

Halleluja.

Das hat sie Überwindung gekostet. Manchmal kostet es Überwindung, weil man die anderen vermeintlich vor den Kopf stößt. Manchmal kostet es auch Überwindung, weil man zum eigenen Wohl seinen Hang zum Perfektionismus unterdrücken oder den Kontrollzwang im Zaum halten muss.

Lotta zum Beispiel kocht total gerne, auch zu Weihnachten, und obwohl oder gerade weil die ganze Familie kommt. Das sind dann so 15 Leute. Das ist eine ganze Menge Essen, die da auf den Tisch gebracht werden will. In dieser Familie gibt es traditionell einen großen Truthahn oder eine Gans aus dem Ofen, mit Füllung, Salat, Kartoffeln, Soße, verschiedenen Vorspeisen, Nachtisch und Kaffee mit Brandy am Schluss. Lotta kann all diese Dinge hervorragend zubereiten, sie ist eine wirklich gute Köchin, aber: Wenn sie alle diese Dinge tatsächlich selbst macht, ist sie ab spätestens vier Uhr nachmittags mit den

Nerven am Ende. Was manchen paradiesisch vorkommen mag, nämlich die Aufgaben in der Küche aufzuteilen, fiel Lotta unsäglich schwer. Zuerst gab sie nur den Nachtisch aus der Hand, den macht jetzt ihre Schwester (Lotta: »Aber ich kann ihn viel besser!«). Das Jahr darauf durfte sich der Schwager am Salat versuchen (Lotta: »Er tut Cherry Tomaten rein! Cherry Tomaten! Was soll das?«). So ging es dahin. Und als Allerletztes gab Lotta auch noch die Füllung des Vogels ab. Das fiel ihr am schwersten. Es war nicht einfach, aber Lotta hat mit aller Kraft ihren Perfektionismus gepackt und ihn hemdsärmelig am Arsch vorbei geschoben. Das hat sie gemacht, weil die Vorteile schwerer wogen: Lotta ist nicht schon einen Tag VOR dem Essen gestresst, weil sie den Supermarkt leer kaufen muss, und sie ist nicht schon zwei Tage vor dem EINKAUF gestresst, weil ihr beim Erstellen der Einkaufsliste wieder schlagartig einfällt, was da auf sie zukommt. Am Weihnachtstag selbst steht sie nicht ab 9 Uhr früh in der Küche, und wenn die Gäste kommen, kann sie mit denen anstoßen, ohne nach einem Schluck das Glas abzustellen und zum Herd zu hechten, weil sonst irgendetwas anbrennt, überkocht oder zäh wird. In der Küche ist es netter, einfach weil da noch ein paar Menschen sind, es wird gelacht und gealbert. Unter diesen Voraussetzungen, sagt Lotta, kann sie sogar darüber hinwegsehen, dass die Schwester zu viel Zucker in den Nachtisch gibt und ihr aus dem Salat Cherry Tomaten entgegen leuchten. Auch hier hätte es mehrere Wege am Arsch vorbei gegeben. Je nach Priorität hätte man die Feier zu einem anderen Familienmitglied auslagern oder das Menü einschrumpfen können. So hat jeder in Sachen Weihnachtsessen sein eigenes Arsch-vorbei. Es kann das Gericht betreffen, wie bei mir und der Schwiegermutter, oder generell das Kochen und sie lassen sich etwas Köstliches nach Hause liefern. Wenn Sie das Kochen zelebrieren wollen und es geht sich mit der Zeit nicht aus, vielleicht fliegt dann die Christmette aus dem Programm. Um was es am Ende geht, ist: Es gibt Verhandlungsspielraum und nichts muss so sein, wie es immer war.

G WIE GESCHENKE

Weihnachtsgeschenke teilen sich ja in zwei Kategorien auf:

1. Geschenke, die man bekommt
2. Geschenke, die man verschenkt

Auf den ersten Blick sind Geschenke aus der 1. Kategorie natürlich die weitaus besseren, aber mit den Jahren lernt man: Das ist nicht immer der Fall. Das geht in der Kindheit langsam los, wenn man alle Jahre wieder bei Tante Martha anrufen muss, um sich überschwänglich für das beknackte Nachthemd zu bedanken. Da fehlen einem als Kind schon mal die Worte:

»Oh danke, liebe Tante Martha, für das schöne Nachthemd! So eins … wollte ich immer schon haben. Es ist so schön … blau!« Was man immer für einen Quatsch sagt, wenn man um Worte ringt. Das wird nicht unbedingt besser, wenn man erwachsen ist und unter der Beobachtung anwesender Gäste steht, während man auspackt.

»Hier, das ist von uns allen!«, heißt es dann und zehn Augenpaare beobachten dich, während du versuchst, diese Verpackung aufzubekommen, die mit unzerreißbarem Tesa gesichert ist.

»Oh wie schön! Ein … eine … was ist das?« Und da stehst du dann mit deiner Plüschdecke in Meerjungfrauenschwanzform.

Da kann man nur ein »So eine wollte ich schon immer haben … Sie ist so schön … blau!« stammeln und hoffen, es kommt überzeugend rüber. Genauso auf der Weihnachtsfeier der Firma passiert, und mit meiner Meerjungfrauendecke war ich noch gut dran. Verstehe mich keiner falsch, ich finde Geschenke toll. Niemand bekommt so gerne Geschenke wie ich – außer dem Kind vielleicht –, aber es kann nach hinten losgehen. Die Geschosse, die da so nach hinten losgehen, liegen dann im hinteren Teil von

Regal- und Schrankfächern und bleiben dort bis zum nächsten Umzug. Je nach Schuldgefühl werden sie dann in Kartons verpackt und mitgenommen (Tante Ludwigas Erbpelz) oder endlich ihrem Bestimmungsort, nämlich dem Mülleimer/einer Sammelstelle für Kram zugeführt (Meerjungfrauendecke).

Ein Teil des Arsch-vorbeis beschäftigt sich also damit, wie mit den Geschenken, die knapp am eigenen Geschmack vorbei sind, umzugehen ist. Wer *Am Arsch vorbei geht auch ein Weg* kennt, weiß, wie ich zum Thema Dinge stehe. Geschenke fallen nämlich in diese Kategorie. Dort sind die Gründe aufgelistet, die für oder gegen einen Umzug von Erbpelzen und Meerjungrauendecken sprechen:

Gründe, warum man Dinge behalten sollte:

- *Wenn man sie sieht, muss man lächeln.*
- *Man nutzt sie.*

Fertig. Sehen Sie sich mit diesen beiden Gründen im Kopf ruhig etwas zu Hause um. Wer an dieser Stelle einen kritischen Blick auf den Partner wirft: Lassen Sie's. Partner fallen nicht unter Dinge. Sie werden erst unter ›Liebe‹ unter die Lupe genommen, und nun holen sie ihn wieder rein.

Fällt ihr Auge auf etwas, bei dem Sie unsicher sind, können Sie auch die Gegenprobe machen. Falls lediglich einer der folgenden Gründe für einen Verbleib spricht, dann hauen Sie das gute Stück raus:

Gründe, warum man Dinge nicht behalten sollte:

- *weil sie noch gut sind/funktionieren*
- *weil sie ein Geschenk waren*
- *weil man Ererbtes nicht wegwirft*
- *weil man es vielleicht noch mal brauchen kann*
- *weil es vielleicht irgendwann mal wieder gefällt*
- *weil sie mal teuer waren*
- *weil sie vielleicht mal wieder in Mode kommen*
- *weil sie in Mode sind*
- *weil man sich schuldig fühlt, wenn man sie wegwirft*
- *weil man sie schon immer hatte*
- *weil eine weggeworfene Schlabronze sieben Jahre Pech bringt*[2]

Ein ganz anderer Teil des Arsch-vorbeis beschäftigt sich mit der Frage, ob man den Schenkenden nicht reinen Wein einschenken sollte, was den Grad der Freude über ihr Geschenk angeht. Knifflig.

Denn natürlich könnte man im Meerjungfrauenfall sagen: »Was ist denn das für ein geklöppelter Scheiß?« Aber dann ist man halt ein Arschloch. (Auch dieser Umstand geht manchen Leuten am Arsch vorbei, aber die haben ganz andere Probleme.) Andererseits geht es mir schrecklich ge-

---

[2] Aus: Alexandra Reinwarth: Am Arsch vorbei geht auch ein Weg: Wie sich dein Leben verbessert, wenn du dich endlich locker machst, mvg Verlag, ISBN-13: 978-3-86882-666-1

gen den Strich ständig irgendwelche geschenkten Sachen wegzuschmeißen, die sind ja noch gut! Also irgendein Baum ist für dieses blöde Notizbuch mit den Rosen drauf gestorben und irgendein Schaf hat seine Wolle für den Meerjungfrauenschwanz gegeben. Vielleicht ist das Ding sogar extra den ganzen Weg aus China gekommen, hat mit dem Frachter die Meere verschmutzt und auf dem LKW die Luft – und das alles für nichts? Nur damit ich es dann wegwerfe? Das ist doch total daneben. Eine Möglichkeit, das zu vermeiden, ist, die Sachen weiterzugeben. Allerdings kenne ich nicht so viele Leute mit dem entsprechenden Geschmack und noch viel weniger frierende Meerjungfrauen. Um dieses Widerstreben also zu beenden, wäre es toll, dem jährlich wiederkehrenden Strom an geschmacklosen Geschenken irgendwie Einhalt zu gebieten. Die Geschenke stammen von Kollegen, Eltern, Freunden und Bekannten und – auch das gibt's – vom Partner. Alles schon dagewesen. An dieser Stelle fallen mir zwei ein, die überhaupt kein Problem damit haben, ihren Unmut kundzutun: zum einen das Kind. Da kann es passieren, dass man ein Geschenk überreicht und kurz darauf kugelt das Kind brüllend auf dem Boden, weil es das gelbe und nicht das rote Dingsbums ist. Das Kind ist vier, nicht 15 oder so, insofern darf er das (noch). Zum anderen fällt mir noch der Hamster Harry ein: Wenn Sie dem Futter ohne Erbsenflocken in den Napf legen, kackt der da einfach rein. Aus Trotz. Kinder und Hamster haben es echt raus.

Im eigenen Alltagsleben ist allerdings keine der beide Verhaltensweisen eine gute Option. Zumindest nicht, wenn man noch alle Tassen beisammen hat.

Damit mir in diesen Situationen nicht mehr so unwohl ist, habe ich zwei Dinge beschlossen:

1.: Ich versuche das Schenken und Beschenktwerden dort einzuschränken, wo das Desaster vorhersehbar ist. Bei uns im Büro zum Beispiel. Das Schenken ganz abzuschaffen, ging nicht, aber ich konnte es umlenken: Die Kolleginnen und Kollegen fanden die Idee ganz toll, dass sich jeder in der Vorweihnachtszeit ein Projekt oder eine Organisation überlegt, dem oder der er gerne den Spendentopf schenken möchte. In diesen Topf gibt jeder ein paar Euro, wenn er möchte, die Firma etwas mehr, und bei der Weihnachtsfeier wird gezogen, an wen er geht. Das können uneigennützige Organisationen sein wie ›Ärzte ohne Grenzen‹ (Drösels Idee), die ›Tierhilfe Kehlheim‹ (Susis Idee) oder das nicht ganz so uneigennützige Projekt ›Ich brauche einen Carport‹ (die Idee von Dennis).

Der zweite Beschluss, den ich gefasst habe: Ich freue mich wie Bolle über jedes Geschenk. Über Notizbücher mit Rosen drauf, über Decken in absurden Formen und Mustern, über die Flasche Grand Manier und auch über Nachthemden, egal welcher Farbe. Probieren Sie es aus, schenken Sie mir eins!

Ich muss noch nicht mal mehr stottern beim Bedanken, es geht ganz leicht. Ich habe nämlich nicht mehr den Anspruch, mich über das Ding an sich zu freuen, was immer ich da auch auspacke, ich freue mich stattdessen aufrichtig über die Absicht. Sogar Tante Marthas Nachthemden rühren mich im Nachhinein sehr. Die alte Tante war extra dafür in der Stadt, hat im Laden etwas ausgesucht, hat es verpackt und zur Post gebracht. Für mich (mich, undankbares Luder).

Sogar der mit der Flasche Grand Manier stand zu irgendeinem Zeitpunkt vor einem Regal voller Flaschen und hat überlegt. Das ist es, was zählt, und nicht das, was bei dieser Überlegung herausgekommen ist.

Kommen wir zu:

2. Geschenke, die man verschenkt

RIESEN Stressfaktor, oder? Dieser ständig wiederkehrende Gedanke zwischen Anfang November und dem 24.12. morgens: Ich habe noch nicht alle Geschenke! Und der stets darauf folgende Gedanke: dieser absurde Konsumterror! Und diese Hetze und dieser leicht irre Blick der anderen Idioten in der Stadt, die auch auf der Suche nach Geschenken sind. Pah!

Stress am Arsch vorbei habe ich mir gedacht und irgendwann beschlossen: Wir schenken uns dieses Jahr nichts. Also dem Kind natürlich schon noch, aber zwischen Geschwistern, Eltern und anderen Anverwandten sowie

Freunden lassen wir es bleiben. Meine größte Sorge von da an war nicht mehr: Ich hab noch nicht alle Geschenke, sondern: *Hoffentlich schenken mir die anderen wirklich nichts, sonst habe nur ich nichts und das wäre total blöd.* Und genauso war es dann natürlich auch.

Wir standen unterm Baum und einer nach dem anderen fing an: »Wir haben zwar gesagt, wir schenken uns nichts, aber das hier musste ich einfach mitnehmen« Und dann bekam ich von jedem ein Geschenk. »Es ist nur eine Kleinigkeit«, schoben sie dann noch hinterher und am Ende war ich echt die Einzige, die nichts hatte. SO WIE ES JA AUCH AUSGEMACHT WAR. Seit diesem sehr unangenehmen Weihnachten gilt folgende Regelung: Wir sagen, wir schenken uns nichts, schenken uns aber doch eine Kleinigkeit und das kann auch nur eine besonders gute Schokolade sein. L. ist von dieser Regelung ausgenommen. Wir bereiten uns jeweils ein Mords-Geschenk, wobei sich das ›mords‹ auf eine besonders gute Idee bezieht, nicht etwa auf die Höhe der Ausgaben.

Der Vollständigkeit halber: Der Stress um die Schenkerei hat einen besonderen Wildwuchs hervorgebracht: das Wichteln. Dabei gibt es die harmlose Variante. Das ist die, bei der man etwas unter 5 Euro besorgt, es verpackt und in einen Topf wirft, aus dem dann jeder nacheinander ziehen darf. Da kommt der lustige Teil nach dem Öffnen, wenn alle Teilnehmer, schon randvoll mit Glühwein, das Tauschen und Feilschen mit ihren Schätzen anfangen. Die stressige Variante ist die, bei der vorher ausgelost wird, wen man beschenken muss. Meiden Sie diese unter allen Umständen.

V WIE VERPACKUNG

Ich verrate ihnen an dieser Stelle einen ganz persönlichen, lieb gewonnenen Trick, der Ihnen eine Menge Stress erspart und gleichzeitig die Herzen der Beschenkten erwärmt.

Die Verpackung ist so etwas wie der Schlüssel zum Herzen des Beschenkten. Und das ist lustig, denn just die ist total leicht selbst zu machen. Schönes Geschenkpapier ist noch dazu echt teuer.

Sie brauchen dazu eine Kiste, in der Sie immer mal wieder Dinge deponieren, die ideale kleine Geschenke abgeben. Zum Beispiel ein paar von den süßen Teelichtern vom Handwerkermarkt, ein paar von den niedlichen Marmelade-Gläschen vom Wochenmarkt, die aussehen wie selbstgemacht, die süßen Vintage-Döschen mit Lippenbalsam oder was Ihnen auch immer im Laufe des Jahres ins Auge sticht.

In dieser Kiste bei uns zu Hause landen auch Bücher, die wir doppelt haben, und kleine Geschenke, die wir bekommen und mit denen wir nichts anfangen können. Diese Kiste hat mir schon so oft den Arsch gerettet, dass ich es nicht mehr zählen kann. Und zwar nicht nur zu Weihnachten, sondern das ganze Jahr über:

- »Ist heute Abend nicht die Wohnungseinweihung von Gitte und Klaus?
- »Der Basar für den Kindergarten ist morgen schon???«
- »Wir haben doch gesagt, wir schenken uns nichts!«

Und schon tripple ich in den Raum, wo die Kiste steht. In der Regel ist noch so viel Zeit, die Kleinigkeit zu verpacken, und da kommt nun der Clou: Nehmen Sie kein gekauftes Geschenkpapier. Nehmen Sie Packpapier, Butterbrotpapier, Backpapier oder von mir aus das DinA4-Papier aus Ihrem Drucker. Mit den Buntstiften, die sich auftreiben lassen, mit dem Kugelschreiber oder - für Profis - mit einem feinen Silber- oder Gold-Edding können Sie nun das Papier verzieren. Wenn Ihnen nichts einfällt, machen Sie Sterne oder Herzen, die gehen immer, und schreiben Sie unbedingt ›Für Dingsbums‹ drauf, wobei Sie ›Dingsbums‹ bitte durch den Namen des zu Beschenkenden ersetzen. Bippen Sie noch irgendwas dran, Wattebausche, einen Zweig Ihrer Küchenkräuter oder ein Bonbon, irgendetwas Nettes.

Wenn Sie ein Kind zu Hause haben, kann auch das Kind das Anmalen erledigen. Wird eh Zeit, dass es etwas zum Familienwohl beiträgt. Diese kleinen Geschenke, obwohl sie wirklich nichts Besonderes sind, kommen trotzdem bombig an. Es ist, als würde sich die handgemachte Verpackung auf das Geschenk übertragen und die Message ist nicht:

»Hier, ich war kurz im Drogeriemarkt und habe dir irgendwas besorgt«, sondern:

»Hier habe ich eine Aufmerksamkeit und ich habe mir viel Mühe gegeben, damit sie dir gefällt.«

P WIE PLÄTZCHEN

Plätzchen! Ich sage nur Marzipantaler! Kokosmakronen! Spitzbuben und Zimtsterne! Vanillekipferl! Vor allem viele Vanillekipferl!

In Sachen Plätzchen ist die Palette des Arsch-vorbei bunt gefächert. Die einzige Farbe, die auf dieser Palette nicht vorkommt, ist: keine Plätzchen. Zumindest nicht in meiner Welt. Ich bin in dieser Hinsicht schwer vorbelastet, denn in meiner Kindheit gab es eine Woche in der Vorweihnachtszeit, in der sich die Küche sowie alle verfügbaren restlichen Stellflächen in eine semi-professionelle Backstube verwandelt haben. Wenn ich heute lese, dass die Bäckerei M. in der Münchner Innenstadt im Advent circa sieben Tonnen Plätzchen verkauft, beeindruckt mich das überhaupt nicht: Meine Mutter hätte auch das Doppelte noch locker aus dem Ärmel geschüttelt.

Bei uns gab es nicht nur Unmengen, es gab auch viele verschiedene Sorten und vor allem: jedes Jahr andere. Die einzigen Sorten, die immer wiederkehrten waren Vanillekipferl (Vanillekipferl!) und Butterplätzchen, die wir dank Lebensmittelfarbe im Zuckerguss in allen Farben des Regenbogens anmalten. Bevor ich selbst ein Kind hatte, das ich in dieser Hinsicht schwer vorbelasten könnte, spannte ich in der Vorweihnachtszeit Freundinnen zur Verstärkung ein, die sich aber im Moment der Zusage über den Umfang der Aktion nicht im Klaren waren. Als das Kind dann da war, war es gar nicht so eine große Hilfe, wie ich mir das gedacht hatte, besonders die ersten drei Lebensjahre nicht. Es zeigte aber durchaus Engagement, indem es Tisch, Stühle, den Hund und sich selbst in eben jenen Farben des Regenbogens anmalte. Auch musste mit der Anwesenheit des Kindes die Herstellung insgesamt heruntergefahren werden, denn so viele Stunden konnten L. und das Kind draußen gar nicht spielen, ohne sich ernsthafte Erfrierungen zuzuziehen.

Kurz: Es war nicht völlig entspannt, obwohl es genau das sein sollte. Wie so oft, hatten sich die Parameter verändert, deswegen passten die Systemeinstellungen nicht mehr. Anstatt mich an die neuen Parameter anzupassen, ignorierte ich sie so lange wie möglich und machte mir, L. und dem Kind nicht nur Plätzchen, sondern vor allem: Stress. Es war ja auch inzwischen so, dass sich der Freundeskreis, der Kindergarten, L.'s Familie, die meinige und sogar die Nachbarn auf Gebäck freuten. Es wussten ja alle, wie gerne und reichlich bei uns gebacken wurde. Ich war schon gestresst, bevor die Backerei überhaupt anfing. Dreimal haben wir das Ganze durchgezogen und dann hatte ich es endlich begriffen:

1. Weihnachten wird höchstwahrscheinlich auch ohne zwanzig verschiedene Plätzchensorten stattfinden.
2. Der Freundeskreis, der Kindergarten, L.'s Familie, die meinige und die Nachbarn können den Schmerz über ausbleibendes Backwerk verkraften.
3. Adventszeit ohne Stress ist viel – adventiger.

Damit uns diese Tradition des Plätzchenbackens aber nicht völlig abhanden kommt und weil es riesig Spaß macht, backen das Kind und ich jetzt an einem Tag im Advent die knallbunten Regenbogen-Plätzchen. Wir haben Spaß, klecksen alles voll und lecken uns den Zuckerguss von den Fingern, bis uns schlecht ist. Das Kind kann außerdem ein paar von ihnen in Zellophan wickeln und sie verschenken. Und wenn es irgendwann mal größer ist und ich Lust habe, dann gibt es sie wieder, die 200 Kreationen.

Wer in Sachen Pflichtgefühl noch einen draufsetzt, ist meine Freundin Jana. Die buk nämlich auch jedes Jahr Millionen von Plätzchen mit dem Unterschied: Sie hasst backen. Klingt komisch, ist aber irgendwie durch eine raffinierte Schuld-Strategie ihrer Mutter so zementiert worden. Die hat ja ihr Leben lang für die Kinder gebacken. Jetzt kann sie es nicht mehr (wegen Rücken), isst aber doch so gerne welche und zählt auch gleich die Sorten auf, die sie gerne hätte. Und gekaufte ›sind doch nix‹. Jana hat auch einen Bruder, nebenbei bemerkt, aber der wird damit nicht behelligt.

Und so können plötzlich ein paar harmlose Marzipantaler zur Rebellion führen. Jana hat sich eines schönen Jahres zuerst geweigert, die geforderten Teigwaren abzuliefern, hat daraufhin festgestellt, dass ihr das bisschen Courage, das dazu nötig war, im Vergleich viele ruhige Tage und inneren Frieden geschenkt hat, und daraufhin beschlossen, dass Schuld generell kein so guter Grund ist, etwas zu tun oder nicht zu tun. Ein Halleluja für Jana! Bei wem zu Hause das Thema Plätzchen kein Minenfeld ist, greift vielleicht ganz ohne Trara auf gekaufte zurück.

Apropos Halleluja und Minenfeld:

K WIE KIRCHE

In Sachen Religiösität trifft man ja auf die unterschiedlichsten Ansichten, die mitunter äußerst emotional vertreten und verteidigt werden. Mir ist dergleichen fremd. Die Kirche (das ist der Verein, in den ich hinein getauft wurde) und ich, wir haben uns nichts zu geben. Ich bin mit 16 im Rahmen der Rundum-Rebellion ausgetreten und habe es seither nicht bereut. Abgesehen von akuter Ungläubigkeit sind mir diese Prinzipien von Schuld und Sühne ein Graus. Die Katholiken schießen da im weltweiten Glaubensvergleich auch echt den Vogel ab. Man sehe sich nur die unterschiedlichen Herangehensweisen an menschliches Unglück an:

- Taoismus: Unglück ist.
- Buddhismus: Wenn dir Unglück widerfährt, ist es gar kein Unglück.
- Islam: Dein Unglück ist der Wille Allahs.
- Judentum: Warum geschieht das Unglück immer uns?
- Rastafari: Kann man das rauchen?
- Evangelische Kirche: Wenn du dich anstrengst, kannst du das Unglück abwenden.
- Katholische Kirche: DU HAST DAS UNGLÜCK VERDIENT!

Meine (minimale) Sehnsucht nach Spiritualität wird wie bei den meisten, die ich kenne, durch ein paar buddhistische Weisheiten gedeckt. Mehr brauche ich nicht. Vielleicht wird das im Alter mal anders, aber im Moment ist es so. Trotzdem bewundere ich Jahr für Jahr das Weihnachtsbrimborium der Kirche. Sagen wir es, wie es ist: Die katholische Kirche ist DER Fachmann für Kitsch und Performance. Sogar die Messe ist an diesem Tag des Jahres voll in meinem Sinne, denn meistens wird davon gesprochen, wie schön es wäre, wenn alle etwas netter zueinander wären. Und wie wunderschön diese Krippen sind, die auf Weihnachtsmärkten ausgestellt sind! Die Weihnachtslieder! Hach.

Die Liebe zur Heiligkeit der Weihnachtszeit blieb für mich lange von meinen persönlichen Glaubensüberzeugungen völlig unberührt. Es hatte einfach nichts miteinander zu tun – bis ich, jung und doof, mich in einen ebenso jungen (und doofen) Revoluzzer verliebte, der nicht nur permanent protestierte und demonstrierte und auf Versammlungen vor Gleichgesinnten große Reden schwang, sondern der auch so konsequent war, dass es weh tat. Er kannte keine Ausnahmen, kein Auge-zudrücken und keine Entschuldigung. Es gab nur entweder oder, schwarz oder weiß. In unserer Haltung zur Kirche stimmten wir zwar grundsätzlich überein, nur nicht im Detail: Er wollte sie nämlich verbieten, Gläubige ›aufklären‹ und Kirchen und Kathedralen zu Sozialwohnungen umbauen. Wie gesagt, ich war jung und doof und vor allem hatte er zwei sehr niedliche Grübchen. Jedenfalls hielt mir besagter Typ eine Standpauke: Wenn ich den ganzen Kladderadatsch nicht glaube und die Kirche ablehne, dürfte ich dann auch keinen Christbaum aufstellen und *Alle Jahr wieder* singen. Argumentativ hatte ich dem nichts entgegenzusetzen, also wurde Weihnachten ganz gestrichen. In dem Jahr hatte ich ein bisschen Liebeskummer, denn wie Sie vielleicht ahnen: Ich liebe Weihnachten.

Pragmatisch wie sie ist, hat mir Jana aus diesem Dilemma herausgeholfen, indem sie irgendwann sagte: »An den Osterhasen glaubst du doch auch nicht und du kaufst trotzdem Schoko-Hasen – so what!« Die Trennung vom Revoluzzer hat ihr übriges dazu getan und inzwischen gebe ich mich wieder hemmungslos den Liedern, den Krippen, den Putten und dem Christbaum hin. ES MACHT MIR NÄMLICH SPAß UND TUT NIEMANDEM WEH. Das Kind hat, wie zu erwarten, ebenfalls großen Spaß an Weihnachten und wir dürfen es auch einfach so feiern. Ein Fest der Liebe sozusagen, ganz ohne diese wackelige Geschichte, die für den armen Jesus ja auch noch am Ende ziemlich schlecht ausgeht. Das ist mein persönliches Arsch-vorbei zum Thema Kirche und Prinzipienreiterei an Weihnachten.

Voll auf meiner Spur liegen Fatima und Ilkim, beides muslimische Türkinnen, die selbstverständlich zu Weihnachten einen Christbaum aufstellen. Ihre Kinder sind in

Deutschland geboren – »klar kriegen die Geschenke!« Die Familie kommt zusammen und man genießt die schöne Stimmung.

Trotz allem erklären wir dem Kind die Geschichte, wie es zu der Geburt in der Krippe kam, und dass dieser Jesus die Idee hatte, es wäre viel schöner, wenn alle lieb zueinander wären, und wir die Idee auch gut finden, und dies sein Geburtstag ist. Für alle, die meinen, die Geschichte wäre so äußerst undifferenziert: Das Kind ist noch klein, zu klein für den Rest der Geschichte.

Andere haben nahezu gegensätzliche Prioritäten, was Kirche angeht: André zum Beispiel lässt sich um keinen Preis der Welt die Christmesse entgehen, was weniger mit seinem tiefen Glauben als mit seinen nostalgischen Kindheitserinnerungen zu tun hat – und mit einer großen spirituellen Befriedigung, die er darin findet. Das heißt aber auch, er nimmt in Kauf, dass:

- er nicht zu viel Wein beim Essen trinken darf,
- er los muss, wenn es drinnen gerade sehr, sehr gemütlich ist,
- und es draußen Minusgrade hat,
- seine Frau Cathy immer die Augen verdreht, latent sauer wird und er am 1. Weihnachtsfeiertag gute Stimmung machen muss.

Jeder, wie er mag.

Ähnlich breit gefächerte Möglichkeiten zum Arsch-vorbei gibt es hinsichtlich eines Abgesandten der Kirche, der uns Anfang Dezember beglückt: der Nikolaus.

N WIE NIKOLAUS

Der Nikolaus ist ein erstaunliches Phänomen. Er taucht auf, wenn man ein Kind ist, (wenn es blöd läuft, kommt er sogar *en persona*, und wenn es ganz blöd läuft, hat er sogar einen finsteren Gesellen mit einem Sack dabei) und verschwindet im Erwachsenenalter. Während Weihnachten meistens weiter zelebriert wird, kommt es wohl keinem in den Sinn die erwachsenen Familienmitglieder am 6. Dezember zusammenzutrommeln, damit sie voller Spannung im Wohnzimmer darauf warten, dass ihnen ein Student mit aufgeklebtem Bart die Leviten liest.

Aber kaum haben die Leute selbst Kinder – ZACK! – ist er wieder da, der Nikolaus. Ich hege dem Nikolaus gegenüber große Vorbehalte. Das liegt daran, dass es mir ein vollkommenes Rätsel ist, warum Eltern ihren Nachwuchs absichtlich einer Situation aussetzen, die ihnen unheimlich ist oder in der sie Angst haben. Statt die Kleinen zu beschützen, wird sich an ihrem Unbehagen geweidet und das gefällt mir nicht. Aber wenn es um Tradition geht, kennen die Leute ja nix. Auch im Kindergarten um die Ecke ist so ein Gespann erschienen, ganz traditionell mitsamt Krampus, wie er in Bayern heißt, und woanders Knecht Ruprecht oder Pelznickel, und der vor allem zwei wichtige Dinge dabei hat: eine Rute (zum Verkloppen) und einen Sack, um die unartigen Kinder dort hineinzustecken.

Jetzt ist der Kindergarten aber ein super pädagogischer, Dinkelkeks- und Hanftüten-Kindergarten. Es wird weder gestraft noch gedroht, sondern mit ›liebevollen Konsequenzen‹ versucht, die Blagen im Zaum zu halten. Und dann engagieren die echt einen gruseligen Typen mit Maske, Rute und Sack! Ganz ehrlich: Ich hoffe ganz fest, dass mein Kind weiß, dass ich es nie gruseligen Typen aussetzen werde. Mit Maske oder ohne, am 6. Dezember oder an sonst einem Tag. Und ich werde so einen Gesellen auch nicht in unser Wohnzimmer lassen, damit sich dort Oma und Opa die Angst des Kindes anschauen können.

Bei uns kommt der Nikolaus abends und klopft an die Haustüre. Auffallend oft genau dann, während L. gerade den Müll rausbringt. Wenn ich dann mit dem Kind nachsehen gehe, ist der Nikolaus schon wieder weg, hat aber vor der Türe ein paar Mandarinen, Nüsse und eine Schokoversion seiner selbst hinterlegt.

Tradition am Arsch vorbei.

R WIE RUHE-IM-NEWSFEED!

Vor ein paar Jahren fing das ganz harmlos an. Da bekam man von einem Freund in der Vorweihnachtszeit ein Video geschickt, per Mail. Darin sah man zwei Tassen auf einem weihnachtlich geschmückten Tisch und die eine Tasse sagte zur anderen: »Du kannst mich mal am Arsch lecken«. Darauf folgte ein sehr niedlicher Dialog der beiden. Das war lustig, damals.

Dann ist *ich-weiß-nicht-was* passiert und inzwischen wird man in der Vorweihnachtszeit zugespammt, als gäbe es kein Morgen mehr. Im Dezember morgens das Mailprogramm öffnen, macht man am besten in dieser bekannten Pose, mit der man auch Horrorfilme ansieht: zwischen den leicht geöffneten Zeige- und Mittelfingern durchblinzelnd. Es kann schließlich immer sein, dass ein tanzender Wichtel mit dem Gesicht eines Freundes vor einem aufploppt. Ich habe sogar schon meinen Chef in Weihnachtsmann-Verkleidung neben einem Rentier posieren sehen. Und das ist nichts, was irgendjemand jemals sehen sollte.

Xing, Linked-In, die Apotheke um die Ecke und die Parfümeriekette Douglas wünschen nur das Beste, auch Facebook öffnet man nicht ungestraft, denn da taucht ein gefühlsduseliges Video nach dem anderen in der Timeline auf. Meistens irgendein depperter Spruch in Schönschrift mit einer Kerze. Und Vorsicht vor Whatsapp: Seit *Elfyourself* ist alles möglich. Auch vom Fernsehen rate ich dringend ab, weil man sonst aufgrund rührseliger Supermarktspots so sehr die Augen verdreht, dass sie einem nach hinten in den Kopf fallen. Insofern ist das Arsch-vorbei relativ einfach. Man kann löschen, wegklicken und umschalten. Das ist im Prinzip völlig problemlos. Wenn es sich aber um etwas handelt, das eine reelle Person an mich persönlich schickt, bin ich immer etwas verunsichert:

- Muss ich das anschauen?
- Muss ich vielleicht sogar reagieren?
- Wird erwartet, dass ich – Gott behüte – selbst was schicke?

Seitdem teile ich ein in:

1. Jemand hat auf einen Knopf gedrückt, um allen Kontakten in seinem Handy eine Weihnachtsnachricht zu schicken.
2. Jemand hat Bock, sich selbst darzustellen, zum Beispiel als tanzenden Wichtel.
3. Jemand schickt mir eine Karte oder eine Nachricht mit persönlicher Anrede und lieben Wünschen.

Nach eingehender Prüfung, Beratung und Befragung kann ich Ihnen versichern: Sie können 1 und 2 getrost ignorieren. Für Post aus der Kategorie 3 kann man sich hingegen herzlich bedanken. Es sei denn sie stammt von Ihrer Versicherung oder Ihrer Hautärztin oder sonst einem Verein, dem Sie mal unvorsichtigerweise ihre Kontaktdaten gegeben haben. (Diese bewährte Regel können Sie übrigens auch ein paar Tage später für die »gutes neues Jahr«-Wünscherei anwenden oder generell das ganze Jahr über bei peinlichen Videos oder Bildern.)

H WIE HANDY

Das Handy, beziehungsweise dessen Nutzung an Weihnachten, stresst unterschiedliche Leute auf ganz unterschiedliche Art und Weise.

Meine Cousine stresst es, wenn sie an Weihnachten das Handy weglegen soll. Sie ist mit ihrem Gerät praktisch verschmolzen und was passiert, wenn das Handy zwar weggelegt wird, aber von dort, wo es ist, per Vibration anzeigt, dass irgendetwas Bahnbrechendes passiert ist, das sollten Sie mal sehen. Ein Junkie auf Entzug ist ein Scheiß dagegen.

Die Mutter selbiger Cousine ist gestresst, weil sie den ganzen Abend drauf lauert, dass auch ja keines ihrer Kinder das Handyverbot umgeht. Und wenn alle beim Essen um den Tisch sitzen und der halbwüchsige Benni sich etwas zurücklehnt und diskret unter den Tisch lunst, mit so einem Arm ausgestreckt nach unten …, dann kriegt Mama einen Anfall, und alle sind gestresst (und am Ende hat Benni nur den Hund gefüttert).

Handys sind ein echtes Thema an Weihnachten. Ist aber auch kein Wunder. Da macht man sich schön, putzt die Bude, schmückt den Baum und besorgt Geschenke, und das Gegenüber sagt einem mit seinem Blick auf das Handy: »Das ist ja alles gut und schön, aber nun lass mich bitte dieses lustige Foto von einem Mops mit Nikolausmütze ansehen. Den finde ich nämlich tausendmal interessanter als dich, den Baum, die Geschenke und den Rest der Mannschaft hier.« Da kochen Emotionen hoch.

In anderen Familien sind das Handy und die Berichterstattung über den Verlauf und die Ausstattung des Weihnachtsabends ein ganz selbstverständlicher Teil des Ganzen:

Die komische Familie von Hummel zum Beispiel schickt an Weihnachten selbigem Hummel alle paar Minuten Nachrichten, Weihnachtswünsche und Selfies. Bei der Frequenz, mit der sie ihn bombardieren, weiß ich genau, wie der Abend bei den Hummels aussieht. Angefertigt werden

Fotografien von Baum, Gans und Geschenken sowie ein Selfie von sich und den anderen Hummeln. Während man am Tisch sitzt und isst, wird mit gesenktem Kopf all das an irgendwelche Leute verschickt, die einen ebenso mit Fotos von Bäumen, Gänsen, Geschenken und Selfies erfreuen. Die einzigen, die sich bei Tisch in die Augen sehen, sind anwesende Babys, Großeltern und die Gans.

Bei uns werden auch Fotos gemacht und verschickt, da kommt man mit Kindern nicht drumrum (siehe K wie Kinder), aber die Handys werden dann den Abend über ausgemacht. Im Selbstversuch habe ich gemerkt: Wenn das Handy nur irgendwo im Regal liegt und auf lautlos gestellt ist, dann passiert es ganz leicht, dass man im Vorbeigehen ›mal eben‹ drauf schaut und – Zack! – stürzt man in ein Zeitloch aus Tweets, Whatsapps, Likes und ganz, ganz lieben Grüßen. Und auch wenn es sich nur um ein Herzchen-Emoji handelt, das die Lieben als Antwort auf die Fotos schicken: Es lenkt einen ab. Permanent. Weg damit.

D WIE DEKO

Vielleicht geht Ihnen diese ganze glitzernde, blinkende, kitschig-bunte Weihnachtsdeko überall auf die Nerven. Vielleicht wird Ihnen bei der klassischen Weihnachtsmann-Farbkombination weiß-rot schon schlecht und Sie bekommen nervösen Ausschlag auf Watte-Schnee in Schaufenstern. Wenn das so ist, können Sie den ganzen Krempel natürlich weglassen, stattdessen Osterhasen aufstellen oder Bierkästen wie Jana. Das ist völlig legitim und sogar ein bisschen cool, zumindest in meinem Bekanntenkreis. Dazu kann man noch ein bisschen auf den Konsumterror schimpfen und schon nicken alle mit den Köpfen. Die Herausforderung kommt erst, wenn Sie, so wie ich, total auf Weihnachtsdeko abfahren, und zwar nicht auf eine subtile, dezente Art, sondern auf die rot-goldene Glitzerart.

In meinem Freundes- und Bekanntenkreis ist das ein unausgesprochenes No-Go. Wer tatsächlich so unkritisch ist und sich etwas Weihnachtliches in die Stube holen will, ohne dass beim nächsten Abendessen die Gäste die Augenbrauen hochziehen, der hängt sich einen stilisierten Ast ins Fenster, an dem ein paar Glaskugeln baumeln. Aus geschliffenem Borosilikatglas, natürlich. Oder es gibt einen Edelstahlring mit vier roten, dünnen Bienenwachskerzen.

Sonst nichts. Hübsch minimalistisch liegt im Trend und auch ich habe versucht, dass unser Zuhause ein bisschen mehr nach Pinterest aussieht als nach explodierter Weihnachtswerkstatt. Ich habe mich zurückgehalten. Ein paar Tage lang.

Dann habe ich »minimalistischer Chic am Arsch vorbei« gerufen und in den Ein-Euro-Basaren meiner Stadt die Sau rausgelassen:

- blinkende Lichterkette ✓
- blinkende Lichterkette für außen ✓
- eine Rentier-Familie aus Filz ✓
- Schneespray für die Fenster ✓
- ein Laternenhaus ✓
- Schneekugel, eine Girlande und einen Kranz für die Tür ✓
- Servietten mit Weihnachtsmännern oder zumindest Schneeflocken drauf ✓
- goldene Hirsche, goldene Kugeln und goldene Sterne zum Aufhängen ✓
- Kissen in rotem Strick ✓

… und auch so eine kleine Bahnstation-Winterlandschaft mit Christbaum in Miniatur habe ich gekauft. Die kann man anschalten und dann blinkt alles, der Christbaum leuchtet und dreht sich und aus ein paar versteckten Lautsprechern ertönt »Jingle Bells«! Was will man mehr?

»Himmel!«, rutschte es L. raus, als er an dem Tag von der Arbeit kam und unvorbereitet auf mein Weihnachts-Wunderland stieß. Ähnlich begeistert reagierten alle anderen: »Wie sieht es denn hier aus?«, sagte Jana, als sie vorbeikam, und lag damit noch weit vor: »Ist bei euch ein Santa explodiert?« und dem Kommentar von Ben: »Potzblitz! Wenn das nicht *The Nightmare before Christmas* ist hier!«

Arschnasen. Der Einzige, der vollkommen begeistert war, war das Kind. Der hielt den kleinen Blinke-Bahnhof mit dem drehenden Christbaum und »Jingle Bells« für die großartigste Erfindung seit der Schokolade. Und genau diese Freude an all dem Glitzern und Funkeln und dem Kitsch und ja, auch an »Jingle Bells« lasse ich mir nicht von ein paar Stil-Polizisten verderben. Das wäre ja fast so, als würde man nicht mehr *Sissi* schauen, nur weil man die konstitutionelle Monarchie unzeitgemäß findet.

C WIE CHRISTKIND – ODER WAS AUCH IMMER BEI IHNEN AN HEILIGABEND AUFTAUCHT

Wer die Ehre hat, am 24. abends die Geschenke zu bringen, bestimmen die Eltern. Meine Eltern haben bestimmt, dass das Christkind die Geschenke bringt. Durch die sprachliche Vermischung von Christkind, Jesuskind und der Bezeichnung ›Christkind‹ für den Neugeborenen in der Krippe, kostete es mich extreme Mühe mir vorzustellen, wie ein kleines Baby, in ein Tuch gewickelt und eventuell noch mit etwas Stroh im Haar, an Heiligabend ALLEN Kindern auf der Welt Geschenke vorbeibringt. Aber gut, in der Erwachsenenwelt waren ja die wildesten Sachen möglich, warum also nicht ein Neugeborenes mit Raketenantrieb.

Erste Irritationen gab es, als »Morgen kommt der Weihnachtsmann, kommt mit seinen Gaben« gesungen wurde, denn hey: Ich wusste schließlich, wer hier die Gaben brachte und das war nicht der »Weihnachtsmann«, sondern das Raketen-Christkind.

Später stellte sich heraus, dass zu anderen Kindern tatsächlich dieser Weihnachtsmann kam, und alle Filme, die zum Thema Weihnachten im Fernsehen liefen, schienen ebenfalls in diese Richtung zu deuten. Ich wuchs nämlich in einer Region auf, in der zu ALLEN Kindern der Weihnachtsmann kam. Nur nicht zu mir. Weil zu meinen Eltern, als sie klein waren, nun mal das Christkind kam und es sich für sie völlig falsch anfühlte, diesen Herrn im rotweißen Pelz ins Spiel zu bringen. Sie hatten keinen Bezug zu ihm. Inzwischen bestimmen L. und ich, wer die Geschenke bringt. Das Kind hat auch schon mehrmals nachgefragt und ist generell an dieser Thematik sehr interessiert.

Nachdem ich mit Christkind groß geworden bin, bin ich geneigt, dem Kind genau die gleiche Geschichte aufzutischen, aber ehrlich gesagt: Ich finde die Nummer mit dem Weihnachtsmann viel schlüssiger. Und auch wir wohnen jetzt in einer Region, in der ein Weihnachtsmann auftaucht, kein Raketen-Christkind. So muss ich mir auch keine wilden Geschichten einfallen lassen, wer denn dieser Mann mit dem weißen Bart und dem roten Pelzmantel ist, der in der Vorweihnachtszeit überall auftaucht. Sogar die Transportfrage für die Geschenke ist geklärt: Er hat einen Schlitten!

Sehr zum Missfallen meiner Mutter kommt also der Weihnachtsmann zu uns nach Hause und, obwohl sie, glaube ich, fest davon überzeugt war, ist Weihnachten trotzdem nicht explodiert.

V WIE VERWANDTSCHAFT

Himmel, die Verwandtschaft. Zählen Sie mal nach, wie viele Verwandte Sie haben, dann haben Sie schon mal eine Mindestanzahl von möglichen am Arsch vorbei. Verwandtschaft kann man sich nicht aussuchen, heißt es immer und das stimmt natürlich, kann aber durch den Zusatz »Man darf aber aussieben« vervollständigt werden. Das heißt nicht, dass ich Tante Martha zum Mond schieße, nur weil sie permanent indiskrete Fragen stellt, oder den Schwiegeronkel, weil er seine Mitmenschen nach dem zweiten Glas Wein zum Glauben bekehren möchte. Iwo. Es geht auch gar nicht darum, dass der eine oder andere vielleicht weniger auf der Linie mit den eigenen Meinungen, Vorstellungen und Grundsätzen liegt. Würde man danach gehen, dann bliebe ja niemand übrig. Gottes Zoo ist groß. Das ist die vernünftigste Erklärung, die man finden kann, wenn man sich auf einem Familientreffen so umsieht und sich beim Kopfschütteln erwischt. Irgendwie ist dieser Zoo ja auch liebenswert (besonders wenn man ihn nur ab und zu sieht). Also eigenartig hin oder her, es ist auf jeden Fall noch nie jemand von einem Familientreffen geflogen, der oder die:

- … mit einem neuen Lebenspartner aufgetaucht ist, der nur zum Zweck der Provokation aufgegabelt worden ist (ähem)
- … zwei Stunden zu spät/übernächtigt/mit Kater/immer noch besoffen von der Nacht zuvor zum Essen kam (schon wieder ähem)
- … davon überzeugt ist, Aliens haben uns vor vielen Jahren besucht und das wird nun von den Amis geheim gehalten (damit habe ich nichts zu tun!)
- … sich aufgrund einer emotionalen Stresssituation daneben benimmt (das war mein Cousin!)
- … oder sich betrunken in einem Restaurant das Mikrofon der Jazzband, die gerade Pause macht, geschnappt hat, um wegen einer blöden *Wetten-du-traust-dich-nicht*-Wette a cappella ein Ständchen zu trällern (daran kann ich mich nur schemenhaft erinnern).

Egal, ob militanter Veganer oder Klimaskeptiker, Verschwörungstheoretiker oder die falsche Partei: Irgendwas ist halt immer und mit den meisten Exemplaren kann man ja auch ganz gut leben. Man kann diskutieren oder auch nicht. Eventuell geht es im Falle einer Diskussion auch hoch her, aber so ist Familie eben. Allerdings gibt es eine Grenze und Weihnachten heißt nicht gleichzeitig, dass man sich für einen Abend zusammenreißen muss, so wie Tante Martha das fordert. Tante Martha findet nämlich, an Weihnachten sollen alle kommen. Aber alle schließt eben auch diejenigen mit ein, die mit Fug und Recht aus dem Kreis der Familie geflogen sind. Bei uns ist das DER Onkel.

Der Onkel darf nicht kommen, basta. Dabei ist es egal, womit er es sich verscherzt hat. Es gibt Familien, da sitzt ein Onkel am Tisch, von dem wissen alle, dass er die Nichte begrapscht hat oder die Tante vermöbelt und, statt auf die Straße gesetzt zu werden, geht er nochmal zum Büffet und holt sich eine zweite Portion Kartoffelsalat! Mein ›der Onkel‹ ist ein wirklich unangenehmer Nazi. Keine Ahnung, woher er das hat, alle anderen Familienmitglieder sind dahingehend unauffällig. Der Onkel war bei Taufen, Konfirmationen und anderen Verwandtschaftstreffen dabei, allerdings gab es so etwas wie ein unausgesprochenes Gesetz: Er hatte hinsichtlich seiner Ansichten die Klappe zu halten. Erst als die jüngere Generation, bestehend aus meiner Cousine und mir, der Familie eröffnete, dass sich jegliches Verwandtschaftstreffen in etwas verwandeln würde, das uns am Arsch vorbeigeht, wenn der Onkel weiterhin Teil der Veranstaltung ist, wurde er nicht mehr eingeladen. Das war just nach der Hochzeit besagter Cousine, auf der ein allzu großzügiger Spirituosengenuss den Onkel das ungeschriebene Gesetz vergessen ließ, die Klappe zu halten. Die Familie des Bräutigams stammt aus Nigeria, Sie können sich vielleicht ungefähr vorstellen, was da los war.[3]

Tante Marthas allumfassende Güte und ihr Verständnis von Weihnachten schließen also DEN Onkel mit ein, und beinahe hätte sie auch die Mehrheit davon überzeugt, bei-

---

3 Aus: Alexandra Reinwarth: Am Arsch vorbei geht auch ein Weg: Wie sich dein Leben verbessert, wenn du dich endlich locker machst, mvg Verlag, ISBN-13: 978-3-86882-666-1

de Augen zuzudrücken und den Onkel einzuladen, allerdings konnten das meine Cousine und ich im letzten Moment abwenden, indem wir eine spontane Improvisation der Ereignisse von der Hochzeit vortrugen.

Das ist mein Arsch-vorbei-Highlight in Sachen Familie zu Weihnachten. Zu Weihnachten darf nur kommen, wer sich den Rest des Jahres nicht wie ein Vollidiot aufgeführt hat – Pubertierende sind davon ausgenommen.

Meine Cousine, die mit dem Ehemann aus Nigeria (Loui), hat nach dem Eklat mit dem Onkel ein zusätzliches Arsch-vorbei verinnerlicht: Sie mag nicht bei jedem Familientreffen wieder die Ereignisse auf ihrer Hochzeit rekonstruieren, davon kommt sie nämlich wahnsinnig schlecht drauf. (Wen wundert's.)

Vielleicht findet sie es in ein paar Jahren lustig oder es macht ihr zumindest nichts mehr aus, aber noch ist das nicht so. Ich weiß das zufällig haargenau, denn ich habe sie damals getröstet mit den Worten, dass sie das irgendwann als lustige Anekdote erzählen wird, und sie hat mich beim letzten Treffen gefragt:

»Weißt du noch, wie du gesagt hast, irgendwann würden wir darüber lachen?«, und als ich nickte, erkundigte sie sich: »Weißt du da schon Näheres über den Zeitpunkt?« Das arme Ding.

Vermutlich liegt es daran, dass man sonst nicht so wahnsinnig viel gemeinsam erlebt, dass auf Familienfeiern immer die ollen Kamellen ausgegraben werden müssen. Zum Beispiel, wie damals Tante Martha bei der Hochzeit ihrer Nichte aus Versehen auf den Balkon gesperrt wurde, wie die kleine Teresa während einer Hochzeitszeremonie in der Kirche laut das Lied von den Fröschelein zu singen anfing und was die Familie eben noch so an Gemeinsamkeiten auf Lager hat. Bei uns gehört der unrühmliche Auftritt des Nazi-Onkels auf der Cousinen-Hochzeit nun auch dazu. Wenn man da eine Zeit lang sitzt, isst und trinkt und plaudert, kann man darauf wetten, dass sich irgendwann eine/r aus der Mannschaft nach vorne lehnt und raunt: »Weißt du noch, als …« Und dann wird das Ganze nochmal ganz groß aufgerollt. Es ist eine Art Folklore, die einzelne Mitglieder eines Stammes zusammenhalten soll, anders kann ich mir das nicht erklären. Was aber für die einen Folklore ist, ist für die Cousine eine schmerzliche Erinnerung. Damit sie die nicht jedes Mal aufs Butterbrot gestrichen bekommt, musste sie irgendwann durchgreifen. Auch wenn, und das ist der Arsch-vobei-Moment der Cousine, es ihr sehr unangenehm war. Einfach weil sie ihre Gefühle offenbaren musste, ihre Verletztheit, und das macht einen extrem verwundbar. Aber auch auf die Gefahr hin, dass man sie als Mimose betitelte, blöde Bemerkungen kämen oder sich die liebe Verwandtschaft nach dem zweiten Brandy einfach darüber hinwegsetzen würde, hat sie alle Beteiligten in der Vorweihnachtszeit kontaktiert und ihr Anliegen dargelegt. »Man muss nicht alles aushalten«, hat sie gesagt und sie hat verdammt nochmal recht.

Ein anderes, ebenso verbreitetes wie unangenehmes Phänomen bei Familientreffen sind die Fragen der lieben Verwandten Privates betreffend. Vorrangig handelt es sich dabei um Fragen bezüglich der Ausbildungs- oder Berufssituation sowie des Beziehungsstatus. Wenn Tante Martha das wissen will, dann fragt sie eben, Weihnachten hin oder her. Das ist fantastisch, wenn man eh gerade aus dem Nähkästchen plaudern wollte, wenn nicht – well.

Wenn einem nun die Bande nicht komplett am Arsch vorbeigeht, man aber das Verhör vermeiden möchte, geht das mit: Freundlichkeit. Lassen Sie uns etwas üben. Kreuzen Sie die richtige Antwort auf die Fragen von Tante Martha an:

1. Martha: »Na? Hast du eigentlich wieder einen Freund?«

☐ Antwort A: »Habt ihr denn eigentlich noch Sex?«

☐ Antwort B: »Ach, lass uns von etwas anderem reden – wie geht es denn der Frau Huber?«

2. Martha: »Na? Wie lange dauert denn dein Studenten-Lotterleben noch?«

☐ Antwort A: »Leider nicht so lange wie dein gemütliches Hausfrauen-Leben.«

☐ Antwort B: »Ach, lass uns von etwas anderem reden – wie war es denn in der Pfalz?«

3. Martha: »Na? Hat denn dein neuer Freund eine anständige Arbeit?«

☐ Antwort A: »Ja, stell dir vor, er ist Stricher am Bahnhofsviertel!«

☐ Antwort B: »Ach, lass uns von etwas anderem reden – was macht denn dein schlimmes Bein?«

4. Martha: »Na? Werdet ihr heiraten?«

☐ Antwort A: »Ach wieso – dein Mann und Frau Huber sind ja auch ohne Trauschein glücklich!«

☐ Antwort B: »Ach, lass uns von etwas anderem reden – geht Onkel Herbert immer noch jedes Wochenende angeln?«

5. Martha: »Hast du zugenommen?«

☐ Antwort A: »Hast du Inkontinenz?«

☐ Antwort B: »Ach, lass uns von etwas anderem reden – hast du das von der Königin von Schweden schon gehört?«

6. Martha: »Früher war alles besser!«

☐ Antwort A: »Ja Mensch, und `39 hat es noch so gut ausgesehen, ne?«

☐ Antwort B: »Ach, lass uns von etwas anderem reden – wie läuft es sich denn mit deiner neuen Hüfte?«

7. Martha: »Es wird Zeit für Kinder – du bist auch nicht mehr die Jüngste!«

☐ Antwort A: »Ja aber ich habe Sorge, es wird so wie dein Sohn Günther!«

☐ Antwort B: »Ach, lass uns von etwas anderem reden – was macht eigentlich Günther?«

8. Martha: »Bringst du deinen neuen Freund das nächste Mal mit?«

☐ Antwort A: »Ich bin doch nicht bescheuert!«

☐ Antwort B: »Ähm, ich muss mal eben aufs Klo!«

Auswertung:

Einmal A
Es kann schon mal passieren, dass man so was raushaut. Da hat man einen schlechten Tag, in der Arbeit lief es unterirdisch, der Ex heiratet und dann hat man auch noch drei Kilo zugelegt – an der falschen Stelle. Wenn dann auch noch Martha fragt, ob man zugenommen hat, kann einem die Inkontinenz-Nummer verziehen werden. Das hält Familie aus.

Kein Mal A
Sehr gut. In der Theorie top. Unschlagbar. Wenn das noch im realen Leben funktioniert, wenn Martha sich vorbeugt, die Hand auf den Arm legt und raunt: »Naaa? Haben wir

ein paar Kilo zugenommen?«, dann lade ich Sie auf einen Glühwein ein.

Vorwiegend A
Ha! Von wegen.

Wenn Ihre Tante Martha aber eine von denen ist, die an allem herumnörgeln, dann ist das ein Problem an Weihnachten. Denn nichts verhagelt einem so schnell und so zuverlässig die Stimmung wie Nörgelei.

Nörgler lässt man am besten durch Ablenkung ins Leere laufen, das geht ganz einfach, aufgepasst:

Tante Martha: »Also der Braten ist ja furchtbar trocken geworden …«

Antwort: »Ja, aber weißt du, was sie in Malaysia essen? Da war ich mal und es gab …«

Tante Martha: »Mit dem Baum hätte man sich auch mehr Mühe geben können!«

Antwort: »Und mit dem sind wir noch gut dran – der von den Hubers ist letztes Jahr komplett abgebrannt!«

Sie verstehen das Prinzip?

Andere Familien, andere Regeln:

Unser Freund Hummel zum Beispiel hat seine Familie (die in Gottes großem Zoo eine ganz eigene Art darstellen) komplett ausgetauscht. Statt mit betrunkenen Familienmitgliedern umgibt er sich an Weihnachten lieber mit betrunkenen Freunden. Die fangen zumindest nicht immer wieder damit an, ob er sich nicht doch eine nette Freundin suchen möchte, statt auf ewig homosexuell zu bleiben.

Einer ganz anderen Problematik ist man wiederum ausgesetzt, wenn die Familie zwar reizend ist, aber aus mehreren Teil-Familien besteht. Da gibt es dann die Mutter mit Zweit- oder Dritt-Mann, die zugehörigen Halbgeschwister, die Kinder, die er mit in die Zweit- oder Drittehe gebracht hat, und das gleiche auf der Vaterseite noch einmal. Das ist der pure Stress an Weihnachten! Meine liebe Freundin Jana ist jahrelang am Weihnachtsabend zu ihrer Mutter gefahren, hat dort gegessen, gefeiert und Geschenke ausgepackt, um sich dann unter dem vorwurfsvollen Blick ihrer Mutter (»Waas? Du gehst schon?«) ihren Mantel überzuwerfen und zu ihrem Vater zu düsen, der schon mit dem Essen wartete (»Na endlich bist du da!«). Liebe Patchwork-Eltern: Danke dafür. Jana hat irgendwann abgewogen und sich entschlossen, das so beizubehalten. Zum einen ist ihr selbst Weihnachten ein bisschen egal, zum anderen macht sie gerne beiden die Freude. Nur das mit dem doppelt essen hat sie abgestellt. Jetzt ist Jana aber Single. Ganz anders sieht es vielleicht aus, wenn in dieser Situation noch ein Lebensgefährte dazu kommt. Wenn es blöd läuft, dann hat der auch noch zwei Elternhäuser, und wenn es ganz blöd läuft, dann hat er auch noch eine Exfrau mit

Kind. Und noch eine Exfrau mit Kind. Das ist zu absurd? Ist es nicht. Bei meinem Halbbruder ist das so und da haben einfach alle Beteiligten ihre Befindlichkeiten über Bord geworfen und feiern alle zusammen. Würden wir näher beieinander leben, wären wir da auch dabei.

Die Organisatoren des Ganzen, mein Bruder und seine jetzige Frau, praktizieren dabei eines der herzzerreißendsten Arsch-vorbeis, die ich kenne, sie sagen nämlich: Unsere Bequemlichkeit am Arsch vorbei.

Sie freuen sich daran ihren Lieben, den Verwandten und den Angeheirateten, den eigenen Kindern und den dazu gekommenen, ein schönes Fest zu bereiten. »Unsere Eltern haben das jahrelang für uns gemacht, jetzt sind wir dran«, heißt es. Sie freuen sich an der Freude der anderen und das ist mit das Weihnachtlichste, was es gibt.

Für Anne ist die riesige Familienfeier keine Option, vor allem wegen der potentiellen Teilnehmer an einer solchen. »Das ist nicht besinnlich, da ist nichts Heiliges und immer gibt es Streit«, fasst sie ihre Erfahrung dahingehend zusammen und ist der Überzeugung, dass es nicht zufällig auch noch zwei Weihnachtsfeiertage gibt. Da hat man ausreichend Zeit, seine Lieben zu sehen. Getrennt voneinander und entspannt. Dann kann sie sich auch gleich erzählen lassen, wie der Weihnachtsabend gelaufen ist, was Gertrude wieder Unmögliches gesagt hat, warum die kleine Jesslyn ein ungezogenes Gör ist, und froh sein, dass sie nicht da war. Inzwischen ist das so. Jahrelang aber ist Anne dort brav eingelaufen, hat die Augen verdreht, wenn Gertrude unmögliche Dinge sagte, und hat sich Jesslyns Tobsuchtsanfälle mit angesehen, wenn auch dieses Jahr kein Pony unterm Baum stand. Der Ausstieg aus diesem Ritual war nicht leicht. Das lag nicht daran, dass Anne es unendlich traurig fand, dort nicht auftauchen zu müssen. Die Vorstellung war nahezu paradiesisch. Sie musste aber der Familie ihre Entscheidung mitteilen und das war ihr so unangenehm, dass sie fast gescheitert wäre. Auch die Familie tat alles, um es ihr so unangenehm wie möglich zu machen. »Das wäre aber schon sehr schade«, hieß es und Gertrude machte so traurige Augen, wie es ihr irgend möglich war. Anne hat es trotzdem durchgezogen und besucht nun ihre Mutter vor dem Event. Dann bricht ihre Mutter irgendwann auf zur Familienfeier, Anne fährt nach Hause und Annes Mutter denkt den Abend über immer wieder voller Neid an ihre Tochter, während Jesslyn ihr ans Schienbein tritt.

Bernd, ein Freund von L., mit seiner (häufig wechselnden, aber ich will nichts gesagt haben) Liebsten erspart sich jede Diskussion und die traurigen Gesichter und fährt seit Jahren über Weihnachten weg. Das ist immer so und wird auch nicht infrage gestellt – an Weihnachten liegt er frisch verliebt und gebräunt unter Palmen, in der Regel irgendwo in Mexiko.

Seine Geschwister feiern derweil mit der ganzen Familie und beneiden ihn traditionell darum. Er lag auch schon mal vor ein paar Jahren an Weihnachten verliebt in einem Apartment in Heidelberg, weil die Bewohnerin des Apartments einfach keinen Urlaub bekam. »Aber deswegen muss man ja nicht gleich mit lieb gewonnenen Traditionen brechen«, fand er. Außerdem hätte es dort eine Yucca-Palme gegeben. Ich kann mich irren, aber ich vermute, das ist nicht das schlechteste Weihnachten, das man haben kann.

O WIE ORDNUNG, OCH NÖ.

An meinem Weihnachten soll es schön sein zu Hause. (Trotz der Deko.) Es soll sauber sein, die Betten sollen frisch bezogen sein, es soll in der ganzen Wohnung duften, (am besten nach Vanillekipferl) und alles soll an seinem Platz sein. Einmal im Jahr soll es so aussehen, wie ich es gerne hätte und nie hinbekomme. Jede, die das versucht, weiß: Man bekommt es auch jetzt einfach nicht hin. Also schon, aber dazu muss man ein paar Tage vor dem Weihnachtstag nichts anderes vorhaben als aufzuräumen und zu putzen. Und wenn es dann geschafft ist, dürfen sich keine Personen mehr in der Wohnung aufhalten. Ein Hund übrigens auch nicht. Das war schon vor dem Kind nahezu ein Ding der Unmöglichkeit, auch weil L. nicht dazu zu bringen war, seine Abende draußen zu verbringen. Seit das Kind da ist, klingt das Ziel wie Hohn in meinen Ohren. Ich bin ja schon froh, wenn alle lebend durch den Tag kommen. Weil ich aber immer noch dieses tiefe Bedürfnis nach einem sauberen Zuhause an Weihnachten habe, kommt Stress auf. Bei mir, wohlgemerkt. L. und das Kind sind genauso entspannt und fröhlich wie immer.

Zuerst habe ich in einer Art Reflex versucht, L. die Schuld in die Schuhe zu schieben. Das hat aber nicht gut geklappt. Zum einen erledigt er seine Aufgaben und zum anderen kennt er diese Taktik schon. Dann habe ich versucht, das doch nicht so eng zu sehen. Dann liegen eben ein paar Zeitschriften und Playmobilfiguren herum, das bisschen Staub auf den Regalen tut keinem was und sind Wollmäuse nicht irgendwie – süß? Ich habe es versucht, wirklich, aber: Wollmäuse sind nicht süß.

Es hilft alles nichts. Ich will es sauber und glänzend und vanillekipferlig haben. Was sich aber bei meinem etwas verkrampften Ich-lass-das-jetzt-so-Experiment herausgestellt hat, ist: Sauber reicht mir schon. Wenn es sauber ist, macht die Unordnung gar nicht so viel aus.

Playmobilfiguren auf einem krümeligen, angestaubten Boden: assig.

Playmobilfiguren auf einem frisch gewischten und gewachsten Boden: heimelig.

Seit dieser Erkenntnis ist Vieles einfacher. Ich renne nicht mehr wie verrückt hinter dem Kind her, um alle Dinge sofort wieder an ihren Platz zu räumen. Wir haben einen entspannten Weihnachtstag und auch L. muss keinen bösen Blick fürchten, weil der seine Brille, die Zeitung und das iPad irgendwo liegen lässt. Mein innerer Putzteufel schnurrt wie ein Kätzchen, einfach weil ich die Tage zuvor die Basics erledigt habe: wischen, staubwedeln und rumputzen. Wem diese Strategie weiterhilft: bitteschön. Aber vielleicht hilft Ihnen auch eher die Ordnungsstrategie von Anne. Die hat es nämlich auch gerne schön, hat aber just um Weihnachten überhaupt keinen Nerv sauber zu machen. Diese Tage wären zur Erholung und sie hätte sich doch nicht den Familienstress vom Hals geschafft, um dann den Boden zu schrubben. Anne dimmt daher einfach das Licht runter, fertig. Das sieht hübsch aus, ein paar Kerzen dazu, dann ist das auch noch weihnachtlich.

Auch eine Möglichkeit.

Ole, der mit dem 400 Euro-Christbaum, raten Sie, was der macht: Genau. Da kommt am Vormittag des 24., während er noch im Büro ist, eine professionelle Reinigungskraft vorbei und bringt die Bude auf Hochglanz.

F WIE FUCK!
FIRMENWEIHNACHTSFEIER!

Es gibt etwas, das verwandelt eine harmlose Betriebsweihnachtsfeier in eine Art Fortsetzung von *Die Nackte Kanone*. Es ist auch dafür verantwortlich, dass man auf dem Heimweg froh sein kann, wenn man noch seinen Job hat. Oder sein Handy. Oder seinen Partner. Oder ein paar befreundete Kollegen. Ich rede natürlich von dem unsäglichen, brandgefährlichen: Weihnachtspunsch. Was der mit Leuten macht, war mir gar nicht bewusst, bis ich bei meiner ersten Weihnachtsfeier aufschlug. Auf Weihnachtsfeiern, das habe ich schnell begriffen, gilt die gleiche Regel wie auf dem Oktoberfest: Sobald man ankommt, muss man so schnell wie möglich eine große Menge Alkohol trinken, damit alles sehr, sehr lustig statt sehr, sehr peinlich ist. Dann aber ist es tatsächlich sehr, sehr lustig.

Als blutige Anfängerin habe ich bei der ersten Feier natürlich alle Fehler gemacht, die man so machen kann:

- Ich habe mit allen Brüderschaft getrunken.
- Ich habe davon Fotos gemacht.
- Ich habe dem Praktikanten zwei Hemdknöpfe aufgemacht.
- Davon hat auch jemand Fotos gemacht.

- Ich habe der Assistentin vom Chef »unter uns Pfarrerstöchtern« mal gesteckt, was ich von ebenjenem halte und wer ein guter Ersatz für ihn wäre.
- Ich glaube, ich habe getanzt.

Das passiert mir nicht mehr. Zum einen sind viele Jahre vergangen seitdem, zum anderen befolge ich die Regel: Halte Job und Privatleben bloß auseinander! Abgesehen von der Drösel, meiner Kollegin seit Jahren, halte ich mich da stur dran. Es macht einfach überhaupt keinen Sinn, sich nach acht oder neun Stunden Arbeit die Gesichter der Kollegen auch noch vor einem anderen Hintergrund anzusehen. Und auch wenn da durchaus nette dabei sind, am Ende geht es dann doch wieder um die Arbeit. Zu Hause warten derweil echt reizende Leute auf mich. Außerdem waren freundschaftliche Kontakte mit Kollegen auch noch gar kein Problem, als wir alle noch karrieremäßig auf dem Grund des Teiches schwammen. Das hat sich inzwischen geändert und freundschaftliche und geschäftliche Bande kommen sich da manchmal in die Quere. Zum Beispiel, weil es schwerer fällt, Kritik zu üben. Oder weil ich in einer Freundschaft dem anderen solidarisch zur Seite stehe und ihn verteidige, und das ist auch gut so, aber wenn er in der Arbeit Mist abliefert, dann – wird das schwer. Ganz abgesehen von all dem Getuschel, ob der oder die oder man selbst irgendwelche Beförderungen, Gehaltserhöhungen oder sonstige Vergünstigungen bekommt, weil man befreundet ist mit … So einen Scheiß tue ich mir nicht an. All das sind außerdem hervorragende Argumente, falls Sie Weihnachtsfeiern einfach furchtbar finden. Zweiter, großer Knackpunkt der Weihnachtsfeier: Wenn es blöd läuft, muss man wichteln.

Aber je nach Kollegen, Firma und Vorlieben lässt sich auch was rausholen. Mein Freund Hummel zum Beispiel geht schrecklich gerne sehr gut essen, kann sich das aber nicht so oft leisten, wie er gerne möchte. Hummel arbeitet außerdem bei einer Firma, die an Weihnachten gerne ›total verrückte‹ Sachen macht. Gokart fahren zum Beispiel. Oder, das war noch besser, in einem Outdoor-Erlebnispark mit Baggern durch den Schlamm fahren. Hummel hat sich daraufhin mit dem Teil der Belegschaft, der das auch so mittel fand, zusammengetan und für das folgende Jahr einen Besuch bei DEM Nobel-Fusion-Restaurant beantragt. Da waren der Chef und die anderen Baggerfahrer noch so Bagger-besoffen, dass sie sofort zugesagt haben. Gut gemacht, Hummel.

Man kann sogar für andere was rausholen. Anne hat zum Beispiel in ihrer Firma angeregt, statt einer Weihnachtsfeier für die Belegschaft einen entsprechenden Betrag an soziale Projekte zu spenden. Damit das aber auch Spaß macht, hat sie mit der Firma ausgehandelt, dass diese auch Arbeitszeit ihrer Mitarbeiter spendet. Die Belegschaft zieht dann zum Beispiel los und gibt bei der Tafel Essen aus, oder was auch immer Anne organisiert. Letztes Jahr haben sie alle zusammen die Klettergeräte von einem Kindergarten gestrichen. Die Kindergärtnerinnen waren froh, die Kinder waren froh, alle Beteiligten hatten Spaß und weihnachtlicher geht es fast nicht. Da braucht man dann auch gar keine ›teambildenden Maßnahmen‹ mehr.

Wer einfach nur schwänzen will, ohne gleich einen Sack an Argumenten auszupacken und mit Kollegen und Kolleginnen, Praktikanten und Chefs zu diskutieren, kann sich immer noch krank melden. Das ist nicht die schlechteste aller Optionen! Die schlechteste Option ist, neben dem angetrunkenen Dödel aus der Buchhaltung zu sitzen und zu wichteln!

Wer außerdem nicht in einer kleinen, schnuckeligen Firma arbeitet, wo die Weihnachtsfeier familiär und das Geschenk persönlich ist, sondern in einem großen Büro, der kann das mit der Krankmeldung völlig legitim durchziehen. Und hier eine kleine Hilfestellung für die, denen das trotzdem noch furchtbar unangenehm ist:

Können Sie sich an irgendjemanden erinnern, der Ihnen schlecht in Erinnerung geblieben ist, weil er oder sie der Weihnachtsfeier ferngeblieben ist? Also jetzt jemand, der ansonsten ganz normal war, nett und freundlich. Hätten Sie dem oder der jemals übel genommen, dass er oder sie nicht zur Weihnachtsfeier kommt? Nicht? Sehen Sie. Ihnen wird das auch keiner übel nehmen.

M WIE MUSIK

Von unserem kleinen Mahalia-Jackson-Problem habe ich ja schon erzählt – aber eigentlich ist es kein Problem. Ich will das Weihnachtsalbum mit den alten Gospelliedern den ganzen Tag hören und L. nicht. Da muss man eben einen Kompromiss finden – und dann das Weihnachtsalbum mit den alten Gospelliedern den ganzen Tag hören. Nein, im Ernst, ich will ja nicht, dass L. Ohrenbluten bekommt oder schlechte Laune. Oder noch schlimmer: beides.

Abgesehen von dieser CD gibt es in Sachen Musik noch eine Sache, die sich nach langen Jahren der Erfahrung herauskristallisiert hat. Es ist besser, das Radio ausgeschaltet zu lassen. Wenn man das nämlich nicht tut, dann flötet, pfeift und trällert man über Wochen hinweg Weihnachtslieder mit und hat dann, pünktlich ein bis zwei Tage vor dem Fest, die Schnauze voll davon. Man kommt dem ganzen »Jingle Bells« und »Last Christmas« ja dank Weihnachtsmarkt, Kaufhaus-Bedudelung und Fernsehen eh nicht aus, aber das Radio – das gibt einem den Rest.

Wer in Sachen Musik vor dem Fest wahnsinnig gestresst ist, ist Lotta. In ihrer Kindheit wurde nämlich, Sie ahnen es vermutlich, an Weihnachten immer musiziert. Vor der Bescherung versammelte sich die Familie mit Flöte, Gitarre und Cello vor dem Baum und wer kein Instrument spielte, sang. Damit am Heiligen Abend alles gut lief, hatte die Familie schon Wochen vorher geprobt, zuerst jeder für sich, dann alle zusammen und am 24. ertönten dann ein paar wunderschöne, altbayerische Weihnachtslieder in der Stube.

Lotta, in ihrem steten Bemühen, ihren Liebsten auch ein so schönes Erlebnis zu bereiten, ist seit Jahren hinterher, besagten Liebsten die Freude am Musizieren näherzubringen. Bis jetzt ist sie damit kläglich gescheitert. Es fängt schon damit an, dass Lottas Lebensgefährte ein waschechter Berliner ist, was das mit dem ›altbayerisch‹ extrem schwierig macht.

Lotta: »Mein Lieblingsweihnachtslied ist ›Es wird scho glei dumpa‹!«

Lottas Mann: »Dat wird schon gleich – wat?«

Lottas Kindern hat sich außerdem der Zauber der Hausmusik nicht vollkommen erschlossen und so gibt es die Wochen zuvor immer wieder Grabenkämpfe. In den Hauptrollen: Kind 1, Kind 2, Lotta und die Musikinstrumente. Der Ältere, die arme Sau, muss Melodica spielen. Das wäre einfach zu lernen, sagte der Musiklehrer. Das mag sein, sage ich, aber wer kann das schon wollen? Kind 2 wurde eine Blockflöte in die Hand gedrückt und was da so rauskommt, ist fast ein Fall für die Genfer Konventionen.

Jedenfalls ist es in den Wochen vor Weihnachten nicht sehr gemütlich bei Lotta zu Hause. Permanent wird jemand ermahnt (»Hast du schon …, Du musst noch …«) und alle kommen immer schlechter drauf. Das Ganze kulminiert dann am Weihnachtsabend, wenn Lottas Anspannung, ob sie es denn nun zusammen hinkriegen mit dem Ave Maria, in unermessliche Höhen steigt. Wie es dann im Endeffekt klingt (es klingt grässlich), ist aber auch egal, denn die Stimmung ist eh schon im Keller. Nachdem die drei, vier Lieder abgearbeitet sind, wird es wieder fröhlich, wenn auch hauptsächlich deswegen, weil diese Plage jetzt endlich vorbei ist – bis zum nächsten Jahr.

Sabotageaktionen der Kinder, wie Instrument verstecken, Instrument verbrennen oder sich selbst verstecken, haben nichts genützt und Lottas Mann wollte auch nicht einschreiten – »wennset doch so jern hat.«

Der Familie kam, wie auch in Sachen Adventskalender, Lottas gebrochenes Sprunggelenk zu Hilfe. Damit kam sie zum einen nicht mehr in die Kinderzimmer im ersten Stock, zum anderen ließen sie Sofa, Nougat-Schokolade und Schmerztabletten das Leben generell ein bisschen lockerer sehen. Wenn sie schon keine 96 Adventssäckchen befüllen konnte und es gekaufte Schoko-Adventskalender gab, dann eben auch keine Hausmusik. Dieses Jahr war eben alles anders. Und, welch ein Frohlocken: Dieses Jahr war es genauso harmonisch, weihnachtlich und friedlich, wie sich Lotta das immer gewünscht hatte. Die Kinder (und die Nachbarn) freuten sich, weil sie nicht auf ihren beknackten Instrumenten üben mussten, Lotta freute sich, dass sie nicht jeden Tag mahnen und drohen musste, und der Mann freute sich, dass alle sich freuen. Besser kann's doch nicht laufen. Das sah auch Lotta ein und der Brauch mit der Hausmusik wurde gestrichen. Er passte einfach nicht zu ihnen. Was sich aber inzwischen etabliert hat, ist eine Art gemeinsames basteln. Der Papa geht mit den Kindern in der Vorweihnachtszeit in ein Bastelgeschäft, sie kaufen dort jede Menge Zeug ein und basteln viele Abende lang mit großer Begeisterung an einer Krippe herum. Wenn das mal nicht eine neue Familientradition wird …

F WIE FREUNDE

Freunde und Weihnachten sind beides total tolle Erfindungen – vor allem getrennt voneinander. Bei anderen Leuten ist das anders, aber für mich gehört zu Weihnachten ein Christbaum, Geschenke, das Gospelalbum, gutes Essen, Familie und Heiligkeit. Sonst nichts. Und auch wenn einige Komponenten wie Essen und Trinken, an einem Tisch sitzen, lachen und feiern durchaus auch Bestandteile von Treffen mit Freunden sind – Treffen mit Freunden sind anders. Nicht so … heilig eben. Das ist auch der große Unterschied zum Silvesterabend zum Beispiel. Den kann man nämlich toll mit Freunden verbringen!

Weil wir uns dahingehend nicht abgesprochen haben und L. zu den ›anderen Leuten‹ gehört, stand also vor ein paar Jahren irgendwann nach der Bescherung eine zweite Bescherung vor der Tür. Diese zweite Bescherung hieß Peter und Zoe, zwei Bekannte aus alten Zeiten. (Also aus L.'s alten Zeiten.) L. hatte die beiden irgendwann in der Vorweihnachtszeit am Glühweinstand getroffen, es wurde über das bevorstehende Fest gesprochen, »Und was macht ihr so?«, und da die beiden nichts vorhatten, sagte L. wohl den Satz: »Kommt doch vorbei!«

Und da standen sie nun, mit einer Flasche Cava unterm Arm: »Frohe Weihnachten!«

Ja nun.

Verstehe mich niemand falsch, das wurde ein netter Abend. Wir saßen gemütlich zusammen (nachdem ich ein paar böse Blicke zu L. geschossen hatte), wir tranken den Cava, unterhielten uns und hatten Spaß – ABER DAS KÖNNEN WIR AN JEDEM VERFICKTEN ANDEREN ABEND AUCH HABEN, DAS MUSS JA NICHT DER 24.12 SEIN! So oder so ähnlich habe ich das zu Hause vorgebracht. Bin ich eine schlechte Freundin deswegen? Überhaupt nicht! Das heißt ja nicht, dass in Notfällen die Türe verschlossen bleibt. Als Anne eines verregneten Novembers ziemlich unschön von ihrem Freund verlassen wurde, saß die selbstverständlich am 24. bei uns unterm Baum. Aber das ist dann eben auch heilig, mit all der Nähe und der Liebe, die man zu seinen engsten Pappenheimern so hat. Ganz anders, als mit Plietsch und Plum, die lustige Witze erzählen und die nur da sind, weil sie nicht so recht wissen, was sie sonst unternehmen sollen. Insofern: Wenn es nicht wirklich wichtig ist, dann nein, machen wir an Weihnachten keinen bunten Abend. Und zwar ganz ohne schlechtes Gewissen.

K WIE KERZEN

Echte Kerzen am Baum sind so schön. Sie machen ein so warmes Licht, einfach einmalig. Ich liebe dieses leichte Flackern und den Schwefelgeruch, wenn man sie auspustet. Kerzen sind toll, wirklich. Kaufen Sie die bloß nicht.

Genau einmal hab ich das gemacht:

Zuerst haben L. und ich uns beide mehrmals an dem Scheiß-Feuerzeug die Finger verbrannt, mit dem wir versuchten, alle Kerzen anzuzünden. Kurze Zeit darauf setzte sich Schmitz, der Hund, selbst in Flammen, weil er versuchte, irgendwie an die Wurstscheibe zu kommen, die das Kind in einem unbeobachteten Moment während des Tages als Dekoration in den Baum gehängt hatte. L. schnappte sich geistesgegenwärtig die nächste Vase und ergoss sie über Schmitz, welcher in seinem Schreck stinkend und tropfend durch alle Zimmer rannte. Es war wie ein Slapstick-Film in unserem eigenen Haus! Wäre noch ein Klavier in unser Wohnzimmer geplumpst, es hätte mich nicht im Mindesten überrascht.

Die nächsten Abende waren wir schlauer und hatten lange Streichhölzer zum Anzünden, der Hund war auch schlauer und umging den Christbaum großräumig. Trotzdem nervte die Anzünderei. Und wenn sie nach dem ersten und zweiten Mal schon nervte, dann können Sie sich vorstellen, wie das ein paar Tage später nervte.

(»Du musst!« »Nein du!« »Ich hab gestern alle angezündet!« »Dafür – war ich heute mit dem Hund draußen!« usw.) Die letzten Tage wurde der Baum einfach gar nicht mehr angemacht.

Wirklich schön, diese Kerzen. Am Arsch vorbei.

L WIE LICHTERKETTEN

Lichterketten sind die logische Folge von Kerzen. Sie sind ein Kompromiss und ich liebe sie nicht, aber hey: Ein brennender Hund und ich bin bekehrt. Und das Tollste ist, dass man nur auf einen Knopf drücken muss und schon sind sie an! Also – meistens. Wenn Sie aus diesem Buch nur eine einzige, kleine Sache mitnehmen, würde ich Ihnen raten, dass es dieser Tipp ist:

Überprüfen Sie die Kack-Lichterketten VOR dem Festtag.

Wenn Sie das befolgen, ist der allergrößtmögliche Stressmoment abgewendet, nämlich der, wenn man alles fertig hat – es ist geschmückt, der Braten ist im Ofen, schöne Musik läuft, die Geschenke sind verpackt – und Sie stecken endlich den Stecker der Mehrfachsteckdose mit den Lichterketten ein. Und es passiert – nichts. Und nein, Tankstellen haben keine Lichterketten (also zumindest die in einem Umkreis von zwei Kilometern von meinem Zuhause nicht).

K WIE KINDER

»Kinder sind ein Segen«, das sagte meine Mutter früher immer und warf die Arme gen Himmel, wenn ich sie zu Tode nervte. Ich war mir dann nie sicher, ob sie das ironisch meinte oder ob sie es wie ein Mantra immer wieder wiederholt hat, um nicht die Nerven zu verlieren. »Kinder sind ein Segen« hat sich auch bei uns als Sprichwort etabliert, immer wenn das Kind Dinge tut, bei deren Entdeckung man beide Arme über dem Kopf zusammenschlägt. Und inzwischen weiß ich: Es ist ironisch gemeint UND dazu da, nicht die Nerven zu verlieren.

In den Tagen vor Weihnachten fällt der Spruch besonders oft, was daran liegt, dass das Kind vor Vorfreude durchdreht. Täglich führen wir diesen Dialog:

»Mama, ist heute Weihnachten?«

»Nein, in einer Woche, Schatz.«

»Morgen?«

»Nein, noch sieben Mal schlafen.«

Und am nächsten Morgen, noch bevor das Kind richtig wach ist, reibt es sich die Augen und sieht mich flehend an: »Mama, ist heute Weihnachten?«

Bis hierhin ist diese Vorfreude noch sehr niedlich. Im Laufe des Tages steigert die sich aber ins Unerträgliche.

»Wenn heute nicht Weihnachten ist, bin ich ganz bös!«, sagt das Kind zum Beispiel, nur um kurz darauf in Tränen auszubrechen, weil er es nicht so gemeint hat. Kinder haben es auch nicht leicht. Das Thema Weihnachten beeinträchtigt das Hirn, das Verständnis und sogar die Sinne. Wenn Sie in der Weihnachtszeit das Kind fragen, was für ein Tier das ist, und auf ein Zebra deuten, sagt es hundertprozentig: »Ein Rentier!« Sie können aber auch auf einen Hund, ein Fahrrad oder eine Yucca-Palme deuten, das ist ganz egal. Alles ist ein Rentier. Das Kind ist eben thematisch fixiert, oder wie L. liebevoll sagt: »Hochbegabt ist er schon mal nicht.«

Weil sich vor Weihnachten und in den Weihnachtsfeiertagen die Situationen häufen, in denen einer von uns beiden »Kinder sind ein Segen!« ruft, ist in der Vorweihnachtszeit ein Grundsatz der Kindererziehung vorübergehend außer Kraft gesetzt. Und zwar der:

Fernsehen ist zu vermeiden.

Das Kind darf normalerweise eine Folge *Ritter Rost* ansehen, »und dann ist Schluss, ohne weinen!« Das mit dem ›ohne weinen‹ funktioniert so mittel und sonntags kommt außerdem *Die Sendung mit der Maus* dazu, aber oft fällt das Fernsehen auch komplett aus, weil wir andere Dinge machen. Vor Weihnachten (und auch danach) ist diese Regel nicht existent und das Kind kann jeden Tag *Ritter Rost*, *Peppa Wutz* oder wen auch immer ansehen, der es für eine halbe Stunde auf das Sofa bannt. Und wenn es besonders schlimm ist, dann auch gleich nochmal! Ich weiß, das macht uns zu den schlechtesten Rabeneltern, die man sich so gemeinhin vorstellen kann. WIR PARKEN DAS KIND VOR DEM FERNSEHER, so heißt das doch, aber: Hurray!

Wo wir schon beim Eltern-Bashing sind, kann ich Ihnen gleich noch ein Rabeneltern-Arsch-vorbei verraten, das an Weihnachten voll zur Entfaltung kommt. Es ist mir piepegal, ob ein Geschenk für das Kind pädagogisch wertvoll ist oder nicht. Ein Geschenk für einen Drei- bzw. inzwischen Vierjährigen darf aus Plastik sein, quietschbunt und es darf Krach machen. Ich finde Holz auch schöner, keine Frage, und ökologischer sowieso und besser zu unserem Holzboden würde es auch passen, aber Weihnachten ist nicht der richtige Moment für ein ökologisches und ästhetisches Statement in Sachen Spielsachen. Von mir aus – und jetzt halten Sie sich fest – muss das Kind mit dem Geschenk noch nicht mal gefördert werden oder irgendwas lernen. Es soll einfach nur Spaß machen. Ich weiß, verrückt. In der Kinderabteilung der Buchhandlung suche ich mir regelmäßig einen Wolf nach fantasievollen, tollen Büchern. Meistens ist das Buch für irgendwas gut. Das Kind soll lernen, wie man sich richtig verhält *(Ich gehe nicht mit Fremden mit)*, wie man sich sozial verhält *(Wohin mit meiner Wut)* oder es geht richtig zur Sache mit dem *Kindergartenblock: Übungsmaterial für Kindergarten und Vorschule*. Ich will dem Kind aber nichts beibringen, zumindest nicht mit seinen Weihnachtsgeschenken. Das ist ja gerade so, als wenn mir L. zu Weihnachten ein Kochbuch schenken würde. Ich will dem Kind nur eine Freude machen und zwar eine möglichst große. Deswegen habe ich auch nicht aufgegeben und mir (fast) jedes Buch der Kinderabteilung angesehen. Aber wenn eine freundliche Buchhändlerin kommt und mich fragt: »Was gefällt Ihrem Kind denn?« und ich sage: »Drachen!«, dann kommt sie mit sowas wie:

Der kleine Drache Kokosnuss – Erste Konzentrationsübungen (Lernspaß- Rätselhefte, Band 5)

Das ist doch Kacke. Ich will auch kein Buch, wo der Drache nicht mit Fremden mitgeht oder mit seiner Wut klarkommen muss. Ich will ein Buch, ganz nach dem Geschmack des Kindes und da kämpfen Drachen gefälligst und sind gefährlich und einer von beiden muss stärker sein und gewinnen – und zwar ohne, dass er den anderen absichtlich gewinnen lässt oder eine ähnliche sozialpädagogische Nummer abzieht. Pädagogisches Spielzeug … Sie wissen schon.

Abgesehen davon und auf die Gefahr hin, dass nun das Jugendamt kommt, weil es das Kindeswohl bei uns zu Hause gefährdet sieht, kann ich gleich das hier auch noch beichten: Ich bastle nicht. Ich finde basteln mit Kindern zu Weihnachten, wie übrigens auch zu allen anderen jahreszeitlichen Ereignissen, doof.

Das trifft sich insofern hervorragend, da ich es auch nicht kann. Einmal musste ich mit dem Kind Schmetterlinge basteln, eine Art ›Hausaufgabe‹ vom Kindergarten, und ich habe mir wirklich Mühe gegeben, aber als Jana am Abend zu Besuch kam und die Schmetterlinge auf dem Tisch liegen sah, fragte sie: »Warum liegen hier überall Slipeinlagen mit Flügeln rum?« Das beschreibt mein Basteltalent eigentlich ziemlich gut. Der Vierjährige kann es nicht viel besser. Trotzdem bringt er in der Vorweihnachtszeit aus dem Kindergarten die tollsten Sachen mit nach Hause. Weihnachtsmänner aus leeren Klorollen, Rentiere aus Pinienzapfen und selbstgebastelte Strohsterne! Die Augen, Geweihe und Bärte sind perfekt ausgeschnitten, alles ist ordentlich geklebt, gefädelt und gebunden. Wirklicht toll – aber ich weiß, das kann der Vierjährige nicht. Der Vierjährige malt Bilder, bei denen man nicht weiß, ob das Werk einen Hund, eine Panzerdivision oder Atome bei der Teilung zeigen soll. Ich weiß also haargenau, wer diese ganzen schönen Mitbringsel aus dem Kindergarten fabriziert: Sonja! Die Kindergärtnerin! Mit diesem Wissen sieht man nur halb so rührselig auf das Klorollen-Rentier, das man pflichtschuldig auf die Anrichte gestellt hat.

Mit dem Kind haben sich überhaupt einige Dinge verändert an Weihnachten – abgesehen von den Klorollen mit Augen auf unserer Anrichte. Zum Beispiel hat sich Heiligabend, insbesondere der Part mit der Bescherung, in eine Art Live-Übertragung aus unserem Wohnzimmer verwandelt. Seit das Kind da ist, habe ich mich verpflichtet gefühlt, den nicht anwesenden Großeltern eine lückenlose

Berichterstattung per Whatsapp zu garantieren, was zur Folge hatte, dass ich den Abend des 24. in großen Teilen durch die Linse meiner Handykamera erlebte. Das war nicht nur für mich unschön. Mehr als einmal öffnete das Kind ein Geschenk, drehte sich mit großen Augen zu mir und strahlte mich an – und strahlte eigentlich nur meine Stirn an, denn ich sah mit gesenktem Kopf an ihm vorbei auf das Display. Es kam sogar »Mami! Mami!« rufend mit seinem Piraten-Playmobil-Männchen auf mich zu, stolz wie Bolle, und ich doofe Nuss trippelte nur langsam rückwärts, mit dem Blick fest aufs Handy gerichtet, damit ich das auch ja alles auf Video bekäme. Das ist traurig, es ist anstrengend und man kann außerdem gar nicht so sehr in der weihnachtlichen Stimmung aufgehen wie man das möchte, weil man viel zu konzentriert auf seinen Job als Filmregisseur ist. Man kann noch nicht mal das Kind, den Hund oder den Mann in den Arm nehmen, weil man in einer Hand immer das Handy halten muss!

Ich mache das – Überraschung – nicht mehr (siehe auch H wie Handy). Das ist bei einigen Familienmitgliedern nicht unbedingt auf Begeisterung gestoßen, aber wenn ich erkläre warum, geht es in Ordnung. Wenn man noch dazu erklärt, dass sie dadurch nicht weniger wichtig sind und wir sie nicht weniger lieb haben, geht es eigentlich. Ich verstehe ja, dass es Spaß macht, das Kind zu beobachten, wenn es ein Geschenk auspackt, das man ausgesucht hat. Daher mein Angebot: Kommt einfach die Tage mal vorbei und bringt euer Geschenk selbst mit, dann könnt ihr sogar live dabei sein.

L WIE LIEBE

Hachja, das Fest der Liebe. Ein Drittel aller Trennungen erfolgt direkt nach den Weihnachtsfeiertagen. Wundert mich gar nicht. Weihnachten ist auch echt eine Herausforderung. Ich hab mich gleich beim ersten Weihnachten total über L. geärgert, und das, obwohl wir da noch total frisch verliebt waren.

Er hat einfach nicht so funktioniert, wie er sollte!

Es stellte sich heraus, dass ich nicht nur eine ziemlich genaue Vorstellung davon hatte, wie Weihnachten aussehen musste, was es zu essen geben und welche Musik laufen sollte, sondern ich hatte auch eine ziemlich klare Vorstellung davon, welche Rolle L. in unserer Weihnachtsgeschichte spielen sollte – nur wusste L. eben nichts davon. Ihm war überhaupt nicht klar, dass er nun, da ich ihn als Mann in der Familie (bestehend damals noch aus uns beiden) auserkoren hatte, unter anderem verantwortlich war für die Baumbeschaffung. Ich musste direkt ärgerlich werden, woraufhin L. natürlich fragte: »Was ist denn mit dir los? Spinnst du?«

Wenn ich mich recht erinnere, stellte er exakt diese Frage noch einige Male, bis wir uns darüber verständigt hatten, wer sich was von Weihnachten und vom anderen erwartete. Zum Teil staunten wir nicht schlecht.

L. war davon ausgegangen, wir würden Weihnachten mit einer Flasche Champagner in der Badewanne verbringen, was zwar prinzipiell eine tolle Idee ist, aber eben nicht an Weihnachten. Dementsprechend überrascht war er auch, als ich ihn über seine neue Rolle als Baum-Chefeinkäufer in Kenntnis setzte. Eine Rolle, die bindend mit der Rolle des Letzte-Einkäufe-im-Supermarkt-Erledigers zusammenhängt. Auch das war ihm neu. Es hat Jahre gedauert, bis wir herausfanden, wer was an Weihnachten für unverzichtbar hält und was in der Welt des anderen gar nicht geht. Auf diesem Weg gab es Klippen und Hindernisse wie das ›falsche‹ Fleisch, das L. mit nach Hause brachte oder, dass er spontan Bekannte einlud. Ich ging hingegen davon aus, dass wirklich JEDER das Gospelalbum lieben müsse. So gab es neue Erkenntnisse auf beiden Seiten:

Ich erkannte, dass ein Baum auch schön sein kann, wenn Erinnerungen in seinen Ästen hängen, die nicht rot glänzend oder aus Stroh sind, und L. erkannte, dass eine durchschnittliche Dreizimmerwohnung locker das Dreifache ihres Volumens an Weihnachtsdeko aufnehmen kann.

Dies alles sind Dinge, die man durch Gespräche im voraus herausfinden kann oder über den Weg des *Trial and Error,* so wie wir das gemacht haben. Der wirklich wahre Stresspunkt in Sachen Beziehung an Weihnachten hat aber mit der Organisation der Ereignisse überhaupt nichts zu tun. Was mich an den Rand des Nervenzusammenbruchs treibt, ist vielmehr die Vorstellung davon, wie es zwischen uns beiden laufen müsste an Weihnachten. Nämlich genau so, wie es bei diesen ganzen Paaren aus der Werbung läuft. Da sitzen die unterm Baum, sie wuschelt ihm liebevoll durch die Haare und er zwinkert ihr zu und dann kommt die Praline oder der Brandy ins Bild, um den es geht. So soll das sein, von mir aus auch ohne Brandy und Praline. Halten Sie mich nicht für bescheuert. Ich weiß, dass das bei den wenigsten zu Hause so aussieht. Ich will es aber trotzdem. Oder, einfacher ausgedrückt: Ich will Friede und Freude, und den Eierkuchen, den will ich auch. Leider ist es aber zwischen L. und mir an Weihnachten genauso, wie es sonst eben auch ist: Friede, Freude, Eierkuchen plus das Topping, dass ich ihm manchmal den Hals umdrehen könnte. Und ich denke, ich lehne mich nicht zu weit aus dem Fenster, wenn ich sage, er mir sicher auch.

Just an Weinachten aber will ich das nicht und bin deswegen extra vorsichtig (was gut ist), aber eben auch extra empfindlich (was schlecht ist). Einmal Augenverdrehen oder ein genervter Unterton und schon schrillen bei mir die Alarmglocken. Der Eierkuchen ist angebrannt! So habe ich mir Weihnachten nicht vorgestellt! Übertrieben, zugegeben.

Aber tatsächlich ist es so, dass ich immer versucht habe, alles genauso hinzubekommen, wie in meinem Fusselhirn nun mal ›perfekte Weinachten‹ aussehen. Die Erkenntnis, dass der Stress, den ich mir damit mache, die sicherste Methode ist, dass es richtig scheiße wird, kam erst mit den Jahren. Damit ich L. liebevoll durch die Haare wuschle und er mir zuzwinkert, dafür braucht es gute Stimmung und die hängt nun mal nicht an der Perfektion des Abends. Es geht gar nicht darum, dass der Baum so und das Essen so und die Musik die und die Geschenke erst nach oder vor oder wie auch immer sind. Es geht darum, sich darauf zu besinnen, wie gut wir uns im Grunde unserer Herzen gesonnen sind. Das geht besser, wenn man dem anderen nicht an die Gurgel will, nur weil er doch Lametta auf den Baum gelegt hat oder Steak statt Fonduefleisch gekauft hat.

Eins ist auf jeden Fall sicher: Es gibt jede Menge glückliche Familien unter einem windschiefen Christbaum, aber ein perfekter Baum hat noch keine Familie glücklich gemacht. Amen.

Lotta, meine liebe Pipilotta, der Weihnachten so sehr am Herzen liegt, hat ein ganz anderes partnerschaftliches Problem. Ihr Mann ist zwar rundherum reizend und ein wahrer Glücksgriff, aber seine Mutter … nicht. Seine Mutter ist eine Art Ausgeburt der Hölle, wenn man Lotta Glauben schenken darf, die außerdem darauf pocht, dass an Heilig-abend ihr ›verlorener Sohn‹ nach Hause kommt. Zuhause ist nach Definition des Drachens bei ihr zu Hause, wo auch das Kinderzimmer des Sohnes noch genau in dem Zustand ist, in dem er es vor ungefähr zwei Äonen verlas-sen hat. Mit den Kindern kommt der Drache glänzend aus, indem sie die zwei einfachen Oma-Regeln befolgt:

1. Die Kinder bekommen alles, was sie wollen.
2. Die Kinder dürfen alles, was sie wollen.

Die Kinder wollen also gern zur Drachenoma, der Mann auch, aus Mutter-Sohn-Gründen, und die Ausgeburt der Hölle will es noch mehr als alle anderen.

Naturgemäß passen das Fest der Liebe und Ausgeburten der Hölle aber nicht sehr gut zusammen und genau das ist Lottas Dilemma. (Das, und dass sie in der Minderheit ist, abstimmungstechnisch.)

Eine heikle Nummer, aber sie haben einen Kompromiss hinbekommen, mit dem alle leben können. Alle fahren am Nachmittag zur Ausgeburt der Hölle, dort gibt es etwas Kleines zu essen (und Geschenke für die Kinder), und be-vor der Abend beginnt, sind sie wieder daheim. Dann kommt das ›richtige‹ Weihnachten. Die alte Dame ist zu-frieden, weil sie früh ins Bett kann, die Kinder sind zufrie-den, der Mann auch und sogar Lotta. Die muss zwar vor-organisieren, weil ihr die Stunden am Nachmittag fehlen, aber wenn sie dann beim Drachen auf dem Sofa sitzt, ist sie richtig gut gelaunt, weil sie weiß: Wir müssen nicht den ganzen Abend bleiben!

N WIE NÄHE

Die Nähe zu den Lieben ist ja das Allerwichtigste. Wirklich. Wenn sie nur nicht so lange dauern würde …

Wie viel Zusammensein mit den Lieben man so verträgt, ist ja völlig unterschiedlich. Es gibt Leute, die blühen überhaupt erst auf, wenn sie in Gesellschaft sind. Ich gehöre nicht dazu. Ich kenne auch noch andere, die da nicht dazu gehören, und für uns ist es nicht einfach an Weihnachten. Also zumindest dann nicht, wenn wir tagelang mit den versammelten Anverwandten zusammen sein müssen. Anne, die arme Sau, hat sich das aus Pflichtschuldigkeit jahrelang angetan. Da kamen ihre Eltern, ihre drei Geschwister mit Anhang, Tante Gertrude, ein, zwei verwahrloste Onkel und – nicht zu vergessen – die unmögliche Jesslyn zu den beiden nach Hause und blieben dort. Drei ganze Tage lang. Anne fand das Zusammensein wahnsinnig anstrengend. Es wurde ja nicht nur gemeinsam gegessen und beschert, es wurde auch gemeinsam spazieren gegangen, gekocht, gemeinsam ferngesehen und gemeinsam in die Kirche gegangen. »Wir sehen uns ja sonst nie«, hieß es und Anne fiel nach den drei Tagen immer in eine komatöse Starre und verließ eine Woche lang ihre Wohnung nicht.

Anne dachte immer, mit ihr selbst stimmte vielleicht etwas nicht, bis sie draufkam, dass sie einfach introvertiert ist: zurückhaltend, eher beobachtend und vor allem schnell ausgelaugt, wenn sie keine Zeit für sich hat. Anne meidet Partys und Veranstaltungen mit vielen Leuten. Sie ist gerne an ruhigen Orten und besonders gerne: daheim. Es war eine echte Befreiung für sie, als sie herausfand, dass sie nicht komisch war, nicht ›freaky‹, nicht asozial oder sonst irgendwie schwer gestört, sondern einfach nur introvertiert, so wie sie eben auch braunhaarig ist oder leicht zu beeindrucken. Das Beste daran ist, dass auch jede Menge andere Leute introvertiert sind, manche mehr, manche weniger, und dass Anne sich mit diesem Wissen viel wohler fühlt. Ich kann ihr das gut nachvollziehen, ich bin da ansatzweise auch so.

Freunde von L. fahren aus Platzgründen mit der ganzen Sippe zu Weihnachten in ein gemietetes Haus in den Bergen. Mag sein, dass andere da sofort an Kaminfeuer und Schneeballschlachten denken, ich muss sofort an die Schlusssequenz des Films *Shining* denken.

Für alle, die das Gruseln vor längerem Zusammensein mit Leuten ebenfalls kennen, gilt: Wir brauchen Pausen. Wenn die ganze Familie spazieren geht, dann kann man selbst vielleicht zu Hause bleiben und im neuen Buch schmökern oder lange Spaziergänge mit dem Hund machen. Wem das nicht reicht, der darf auch früher fahren oder später kommen oder – ganz wegbleiben. Wenn man es freundlich genug verpackt, geht das. Man muss es nur hinbekommen, dass die Lieben nicht den Eindruck bekommen, man würde sie nicht mögen. Erklären hilft da, und auch gelebte Freude, wenn man sich wiedersieht: Küsse, Umarmungen und »Ich freu mich, dich zu sehen!«

Die Sache mit den lieben Lieben und der vielen Nähe betrifft übrigens nicht nur die Familie, sondern auch Freunde. Nach drei Tagen stinkt der Fisch, heißt es, und da sind auch befreundete Fische mit gemeint.

M WIE MAGIE

Es ist nicht so, dass ich generell alles, was in irgendeiner Weise nach Anstrengung in der Vorweihnachtszeit aussieht, mit einem rigiden ›Arsch-vorbei‹ vom Tisch wische. Überhaupt nicht. Aber ich versuche, dass ich meine Energien für etwas einsetze, das ich tatsächlich auch machen möchte, und nicht für etwas, das ich meine mache zu müssen. Oder noch doofer: für etwas, das andere meinen, ich müsste es machen.

Wir betreiben zum Beispiel einen extra Aufwand für die Auferstehung der Dinosaurier im Kinderzimmer in der Nacht vom 23. auf den 24.

Dass in der Nacht vor Weihnachten die Spielsachen lebendig werden können, ist eine Geschichte, die es in L.'s Familie schon gibt, seit er denken kann, und ich habe sie auch erst gehört, als das Kind auf der Welt war. L. erzählte uns staunenden Zuhörern, dass in dieser magischen Nacht alle Spielsachen für ein paar Stunden lebendig werden können und die Zeit nutzten, um allen möglichen Quatsch anzustellen. »Auch die Dinosaurier?«, fragte das Kind und L. nickte: »Besonders die Dinosaurier.«

Als das Kind nach mehrmaligem Nachfragen, wie das genau wäre mit den Dinosauriern, tief und fest schlief, fing L. an, im Bad das Klopapier von der Rolle zu rollen, es zu zerreißen und die Schnipsel auf dem Boden zu drapieren. Ich wusste noch nicht mal, was ich fragen sollte, so verdutzt war ich, und stand daher einfach stumm im Türrahmen. L. sah mich grinsend an: »Hol ein paar Dinosaurier!« Ich war so perplex, dass ich tatsächlich ins Kinderzimmer gegangen bin, Dinosaurier holen. Als das

Kind am nächsten Morgen ins Badezimmer kam, quiekte es vor Entzücken. In einem Meer aus Klopapier standen sein kleiner Stegosaurus und sein Diplodocus (ja, ich kenne ALLE Sauriernamen auswendig) und sie hatten noch ein paar Fetzen Klopapier im Mund. Die Dinosaurier waren tatsächlich lebendig geworden und hatten Quatsch gemacht! Für das Kind war dieses Event das ganze Jahr hinweg immer wieder ein Gespräch wert. Im Jahr darauf war in der Küche am Weihnachtsmorgen ein Riesenchaos. Da hatten die Dinosaurier unsere Müsli- und Kekse- und Cornflakes-Packungen umgeschmissen und sich über die Flocken auf dem Fußboden hergemacht.

Ist es ein zusätzlicher Aufwand zu dem, den man eh schon hat? Definitiv. Aber er ist es hundertprozentig wert. Und mit dem bisschen Müsli oder Klopapier kommen wir noch gut weg. Als Lotta ein Kind war und mit den Ihren auf dem Land wohnte, schaffte der Vater vor der Bescherung eine Schaufel Schnee ins Wohnzimmer. Die verteilte er unter dem Fenster auf dem Teppich, denn wenn so ein Christkind bei Schnee rein und raus muss, dann kann das halt passieren. Vielleicht ist das albern und eigentlich ist Weihnachten an sich ja schon genug Event, aber wenn Lotta sich an Weihnachten erinnert, dann erinnert sie sich nicht daran, welche oder wie viele Geschenke sie bekommen hat. Sie erinnert sich an den Schnee im Wohnzimmer.

NACHWORT

Sie sehen, auch an Weihnachten geht es um Prioritäten: Was mache ich, was lasse ich bleiben und vor allem: Was will ich wirklich? Wer sich schwertut mit dem Prioritäten setzen, hier eine hilfreiche Veranschaulichung:

Das sind alle Weihnachten, die Sie erleben werden, vorausgesetzt Sie werden 90 Jahre alt. Wenn Sie jetzt die Sterne ausstreichen, die sie schon erlebt haben, werden sehen: Es bleiben gar nicht so viele übrig. Und auch wenn wir das im Alltag immer wieder vergessen, an so einem besonderen Tag wie Weihnachten kann man sich das ins Gedächtnis rufen und Sie werden sehen: Ganz automatisch besinnt man sich auf die Dinge, die einem wichtig sind, und ebenso automatisch rückt in den Hintergrund, was im Grunde überhaupt nicht wichtig ist.

In diesem Sinne: Was auch immer Sie vorhaben und wo auch immer Sie sind: ein wunderschönes, geruhsames, friedliches und magisches Weihnachtsfest.

64 Seiten
6,99 € (D) | 7,20 € (A)
ISBN 978-3-86882-901-3

Alexandra Reinwarth
Am Arsch vorbei geht auch ein Weg
Der Adventskalender gegen Geschenke-Wahn und Plätzchen-Irrsinn

Eine nervige Weihnachtsfeier nach der anderen, »Last Christmas« in Dauerschleife und kein Schnee in Sicht: Man könnte sich darüber aufregen, muss man aber nicht. Der Am-Arsch-vorbei-Adventskalender hilft dabei, diese besonders besinnliche Zeit ohne Mord und Totschlag zu überstehen. 24 kleine Mutmacher und hilfreiche Übungen zeigen den Weg zu mehr Entspannung und Gelassenheit. Perfekt für alle Weihnachtsmuffel!

64 Seiten
6,99 € (D) | 7,20 € (A)
ISBN 978-3-7423-0095-9

Alexandra Reinwarth
**Was ich an dir liebe
- Adventskalender**
Zum Ausfüllen und
Verschenken

Weihnachten ist das Fest der Liebe. Doch oft fällt es uns schwer, anderen mitzuteilen, was wir für sie empfinden. Mit diesem außergewöhnlichen Adventskalender gelingt es garantiert, dem oder der Liebsten auf persönliche und originelle Weise 24 Mal unsere Liebe auszudrücken. Denn hinter jeder Seite verbirgt sich eine Liebesbotschaft, die vom Schenkenden individuell ergänzt wird. Von Hand ausgefüllt, ist dieser kleine Adventskalender das perfekte Geschenk und ein einmaliger Liebesbeweis, der die Adventszeit unvergesslich macht.

208 Seiten
16,99 € (D) | 17,50 € (A)
ISBN 978-3-86882-885-6

Alexandra Reinwarth
Ommh Arsch vorbei geht auch ein Weg
Wie man den Sinn des Lebens findet, indem man aufhört, danach zu suchen

So manch einer hat sich schon Gedanken um den Sinn des Lebens gemacht. Auch Alexandra Reinwarth hält eines Tages beim Staubsaugen inne und fragt sich: War's das jetzt? Kommt da noch was oder geht es so weiter wie bisher? Also zieht sie mit einer vagen, aber zielgerichteten Hoffnung aus, den tieferen Sinn, der doch noch irgendwo versteckt sein müsste, zu finden. Um ihm auf die Schliche zu kommen, versucht sich unter anderem im Trance-Dance, meditiert mit Reiki Reiner, spricht mit den Erzengeln, lässt ihre Chakren reinigen, heilfastet und besucht entgegen ihren eigenen Überzeugungen einmal wieder eine Kirche.
Noch nie hat sich jemand auf so amüsante Weise auf Sinnsuche begeben.